海上絲綢之路基本文獻叢書

中西文化交通史譯粹（上）

朱傑勤 譯

文物出版社

圖書在版編目（CIP）數據

中西文化交通史譯粹．上 / 朱傑勤譯．-- 北京 ：
文物出版社，2022.7
（海上絲綢之路基本文獻叢書）
ISBN 978-7-5010-7686-4

Ⅰ．①中… Ⅱ．①朱… Ⅲ．①中外關係－文化交流－
文化史－文集 Ⅳ．① K203-53

中國版本圖書館 CIP 數據核字（2022）第 097834 號

海上絲綢之路基本文獻叢書
中西文化交通史譯粹（上）

譯　　者：朱傑勤
策　　劃：盛世博閱（北京）文化有限責任公司

封面設計：鞏榮彪
責任編輯：劉永海
責任印製：蘇　林

出版發行：文物出版社
社　　址：北京市東城區東直門內北小街 2 號樓
郵　　編：100007
網　　址：http://www.wenwu.com
經　　銷：新華書店
印　　刷：北京旺都印務有限公司
開　　本：787mm×1092mm　1/16
印　　張：10.75
版　　次：2022 年 7 月第 1 版
印　　次：2022 年 7 月第 1 次印刷
書　　號：ISBN 978-7-5010-7686-4
定　　價：90.00 圓

總緒

海上絲綢之路，一般意義上是指從秦漢至鴉片戰争前中國與世界進行政治、經濟、文化交流的海上通道，主要分爲經由黄海、東海的海路最終抵達日本列島及朝鮮半島的東海航綫和以徐聞、合浦、廣州、泉州爲起點通往東南亞及印度洋地區的南海航綫。

在中國古代文獻中，最早、最詳細記載『海上絲綢之路』航綫的是東漢班固的《漢書·地理志》，詳細記載了西漢黄門譯長率領應募者入海『齎黄金雜繒而往』之事，書中所出現的地理記載與東南亞地區相關，并與實際的地理狀况基本相符。

東漢後，中國進入魏晋南北朝長達三百多年的分裂割據時期，絲路上的交往也走向低谷。這一時期的絲路交往，以法顯的西行最爲著名。法顯作爲從陸路西行到印度，再由海路回國的第一人，根據親身經歷所寫的《佛國記》（又稱《法顯傳》）一書，詳細介紹了古代中亞和印度、巴基斯坦、斯里蘭卡等地的歷史及風土人情，是瞭解和研究海陸絲綢之路的珍貴歷史資料。

隨着隋唐的統一，中國經濟重心的南移，中國與西方交通以海路爲主，海上絲綢之路進入大發展時期。廣州成爲唐朝最大的海外貿易中心，朝廷設立市舶司，專門管理海外貿易。唐代著名的地理學家賈耽（七三〇～八〇五年）的《皇華四達記》記載了從廣州通往阿拉伯地區的海上交通『廣州通夷道』，詳述了從廣州港出發，經越南、馬來半島、蘇門答臘半島至印度、錫蘭，直至波斯灣沿岸各國的航綫及沿途地區的方位、名稱、島礁、山川、民俗等。譯經大師義净西行求法，將沿途見聞寫成著作《大唐西域求法高僧傳》，詳細記載了海上絲綢之路的發展變化，是我們瞭解絲綢之路不可多得的第一手資料。

宋代的造船技術和航海技術顯著提高，指南針廣泛應用於航海，中國商船的遠航能力大大提升。北宋徐兢的《宣和奉使高麗圖經》詳細記述了船舶製造、海洋地理和往來航綫，是研究宋代海外交通史、中朝友好關係史、中朝經濟文化交流史的重要文獻。南宋趙汝適《諸蕃志》記載，南海有五十三個國家和地區與南宋通商貿易，形成了通往日本、高麗、東南亞、印度、波斯、阿拉伯等地的『海上絲綢之路』。宋代爲了加强商貿往來，於北宋神宗元豐三年（一〇八〇年）頒佈了中國歷史上第一部海洋貿易管理條例《廣州市舶條法》，并稱爲宋代貿易管理的制度範本。

元朝在經濟上採用重商主義政策，鼓勵海外貿易，中國與歐洲的聯繫與交往非常頻繁，其中馬可•波羅、伊本•白圖泰等歐洲旅行家來到中國，留下了大量的旅行記，記録元代海上絲綢之路的盛况。元代的汪大淵兩次出海，撰寫出《島夷志略》一書，記録了二百多個國名和地名，其中不少首次見於中國著録，涉及的地理範圍東至菲律賓群島，西至非洲。這些都反映了元朝時中西經濟文化交流的豐富内容。

明、清政府先後多次實施海禁政策，海上絲綢之路的貿易逐漸衰落。但是從明永樂三年至明宣德八年的二十八年裏，鄭和率船隊七下西洋，先後到達的國家多達三十多個，在進行經貿交流的同時，也極大地促進了中外文化的交流，這些都詳見於《西洋蕃國志》《星槎勝覽》《瀛涯勝覽》等典籍中。

關於海上絲綢之路的文獻記述，除上述官員、學者、求法或傳教高僧以及旅行者的著作外，自《漢書》之後，歷代正史大都列有《地理志》《四夷傳》《西域傳》《外國傳》《蠻夷傳》《屬國傳》等篇章，加上唐宋以來衆多的典制類文獻、地方史志文獻，集中反映了歷代王朝對於周邊部族、政權以及西方世界的認識，都是關於海上絲綢之路的原始史料性文獻。

海上絲綢之路概念的形成，經歷了一個演變的過程。十九世紀七十年代德國地理學家費迪南・馮・李希霍芬（Ferdinad Von Richthofen，一八三三～一九〇五），在其《中國：親身旅行和研究成果》第三卷中首次把輸出中國絲綢的東西陸路稱爲『絲綢之路』。有『歐洲漢學泰斗』之稱的法國漢學家沙畹（Édouard Chavannes，一八六五～一九一八），在其一九〇三年著作的《西突厥史料》中提出『絲路有海陸兩道』，蘊涵了海上絲綢之路最初提法。迄今發現最早正式提出『海上絲綢之路』一詞的是日本考古學家三杉隆敏，他在一九六七年出版《中國瓷器之旅：探索海上的絲綢之路》中首次使用『海上絲綢之路』一詞；一九七九年三杉隆敏又出版了《海上絲綢之路》一書，其立意和出發點局限在東西方之間的陶瓷貿易與交流史。

二十世紀八十年代以來，在海外交通史研究中，『海上絲綢之路』一詞逐漸成爲中外學術界廣泛接受的概念。根據姚楠等人研究，饒宗頤先生是華人中最早提出『海上絲綢之路』的人，他的《海道之絲路與昆侖舶》正式提出『海上絲路』的稱謂。選堂先生評價海上絲綢之路是外交、貿易和文化交流作用的通道。此後，大陸學者馮蔚然在一九七八年編寫的《航運史話》中，使用『海上絲綢之路』一詞，這是迄今學界查到的中國大陸最早使用『海上絲綢之路』的人，更多地限於航海活動領域的考察。一九八〇年北京大學陳炎教授提出『海上絲綢之路』研究，并於一九八一年發表《略論海上絲綢之路》一文。他對海上絲綢之路的理解超越以往，且帶有濃厚的愛國主義思想。陳炎教授之後，從事研究海上絲綢之路的學者越來越多，尤其沿海港口城市向聯合國申請海上絲綢之路非物質文化遺産活動，將海上絲綢之路研究推向新高潮。另外，國家把建設『絲綢之路經濟帶』和『二十一世紀海上絲綢之路』作爲對外發展方針，將這一學術課題提升爲國家願景的高度，使海上絲綢之路形成超越學術進入政經層面的熱潮。

與海上絲綢之路學的萬千氣象相對應，海上絲綢之路文獻的整理工作仍顯滯後，遠遠跟不上突飛猛進的研究進展。二〇一八年厦門大學、中山大學等單位聯合發起『海上絲綢之路文獻集成』專案，尚在醖釀當中。我們不揣淺陋，深入調查，廣泛搜集，將有關海上絲綢之路的原始史料文獻和研究文獻，分爲風俗物産、雜史筆記、海防海事、典章檔案等六個類别，彙編成《海上絲綢之路歷史文化叢書》，於二〇二〇年影印出版。此輯面市以來，深受各大圖書館及相關研究者好評。爲讓更多的讀者親近古籍文獻，我們遴選出前編中的菁華，彙編成《海上絲綢之路基本文獻叢書》，以單行本影印出版，以饗讀者，以期爲讀者展現出一幅幅中外經濟文化交流的精美畫卷，爲海上絲綢之路的研究提供歷史借鑒，爲『二十一世紀海上絲綢之路』倡議構想的實踐做好歷史的詮釋和注脚，從而達到『以史爲鑒』『古爲今用』的目的。

凡例

一、本編注重史料的珍稀性，從《海上絲綢之路歷史文化叢書》中遴選出菁華，擬出版百册單行本。

二、本編所選之文獻，其編纂的年代下限至一九四九年。

三、本編排序無嚴格定式，所選之文獻篇幅以二百餘頁爲宜，以便讀者閱讀使用。

四、本編所選文獻，每種前皆注明版本、著者。

五、本編文獻皆爲影印，原始文本掃描之後經過修復處理，仍存原式，少數文獻由於原始底本欠佳，略有模糊之處，不影響閱讀使用。

六、本編原始底本非一時一地之出版物，原書裝幀、開本多有不同，本書彙編之後，統一爲十六開右翻本。

目録

中西文化交通史譯粹（上）

中西文化交通史譯粹（上）

前六節

朱傑勤 譯

民國二十八年中華書局鉛印本

歷史叢書

中西文化交通史譯粹

朱傑勤譯

中華書局發行

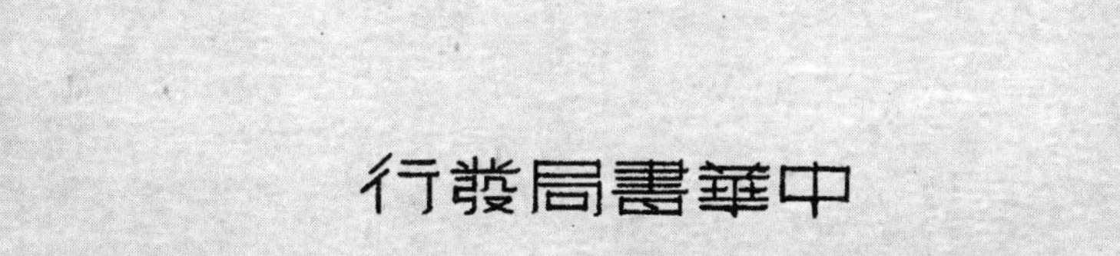

譯者小識

此書文凡九篇：其七篇，凡譯自泰西各種專門名著及雜誌者；其附錄二篇，乃筆者之

著者，題材互異，而一以中外文化交通史爲歸。其所涉及之範圍，有外交、商業、宗教、

美術等方面，除創作二篇外，要皆爲比年來外人研究東方學術之結晶品也。

本書譯者着手於民國二十二年，告成於二十四年，其間迫於他務，作輟無恆，譯筆

蕪，殊自愧也。

本書各文之來源，備載於篇末，惟其中一篇（元代馬哥孛羅所見之亞洲舊有之

代流行品）因初譯時偶失其出版物之名，至今亦難重載，於體例微有未安，一時

檢，已玷白圭。諸君見諒爲幸！

本書所譯之人名地名，大都根據商務印書館出版之標準漢譯外國人名地名表，

歸統一。

信達雅三字，久爲譯林圭臬，學術文辭，不必汲汲於雅。故譯者行文，純以信達爲主。

輩近見譯者文筆之通俗，以爲文格漸卑，形於辭色。不知行世之文，究何取於聱牙棘耳也。

一　譯文本欲用語體者，但卒爲「史體」所囿，不覺傾向於文言。同時又欲使譯文簡潔，以省篇幅，更不得不用文言，但求其淺顯流利，琅然可誦而已。

一　筆者自習西文，即有志於譯事，童年弄筆，積稿盈筐，其後讀書漸多，稍知痛癢，則發憤盡取而付諸一炬。今余此編，亦成於弱冠後者也。韓愈曰：『小稱意，則人小怪，大稱意，則人大怪。』劉蛻曰：『十爲文不得十如意。』則此書不敢自認爲快意之作，蓋可知也。

一　人之著述，不能無病。海內賢達，幸賜教焉！

民國二十六年二月二日朱傑勤自識於國立中山大學文學院

歷史叢書

中西文化交通史譯粹

目次

歷史叢書

中西文化交通史譯粹

歐洲使節來華考

William W. Rockhill 著

上篇

由西方衍及世界，惟有弱邦遣使於大國，請求保護，甘作附庸，或呼籲通商，維持權利，或乞兵拒敵，或修貢和親。劉貝利（La Loubere）之言曰：『在東方諸邦，所謂使者，不過王者之報信人，並不能代表其君也。人以禮貌待之者，乃尊重其所負之公函或任命，愛屋及烏耳。……』故無論何項人等，而有王者之公函在其手中者，在東方則視為大使矣。嘗有一波斯大使名說蒙（Mons. de chaumont）者將入暹羅，死於忒那塞麟（Tenasserin）。乃於扈從中自選一人，攜波斯王之書予暹羅王，而所遴選之人，初無其他憑證，居然若眞大使矣。既至，則殷勤款接，敬禮有加，一如前波斯王之待暹羅使者焉。

『惟有一事特殊者，則彼等視使者有若純一之郵使，當使者辭行，暹羅王乃給一收據予之以爲信若有回音，則並不授之來使，惟另遣本國之使者帶往而已。』(Description du Royaumepe Siam, I.327—329)

拿破侖第一對於此點頗爲認眞。彼謂：『使者並不等於或代表其君主；而君主又永不以同等待之。有謂以臣待君，乃封建之積習，凡陪臣行覲君之禮，多以一使臣代之，而其主應享之榮遇亦得而受者，則未免强爲之辭矣。』(Barry O'Meara, Napoleon in Exile, II.112)

考諸東西交通史乘，東方之人，對於其所接見之使團所啣之御旨，使團本身之責任，尤其關於東方庭謁之俯伏三呼之禮節，而在歐洲數世紀以前此禮特用於神道者，常常發生牢不可破之誤會。然此種東方之觀念，西方人士早已熟聞。自十三世紀以還，歐洲人來聘中國者，史不絕書，而幾幾乎每次使團之來臨，無不拂意而遄返。其實中國祇在近五十年間始知死守舊法以對待外國公使及使團之不可長恃，而自一八七三年後，外使來朝，已不行叩頭之禮，蓋久已廢除矣。今余此文，乃志在將此中西禮節間往復紛爭，久而未決之形相，表而出之，須知叩頭禮節在世界上芸芸諸國中仍有沿而不廢者也。（摩洛哥 Morocco 於一八九四年有行之者，是其一例。可參看 Imperial and Asiatic Quarterly Review

895,63）

尼顛士（Carnelius Nepos）述及忒密斯托克利（Themistocles）足履蘇薩（Susa）王庭之事，乃謂希臘人之來波斯王庭者爲數雖多，而屈志行此國禮者蓋甚少云。故當科嫩（Conon）之派往阿塔霄西斯（Artoxerxes）也，有人告之謂彼見國王須拜伏地上，否則不賜陛見，而以書面上通訊可也。科嫩答曰：『以余觀之，區區一身，躬行此禮，以博國王之一粲，本不十分嚴重。惟余之來，實啣國人之命，辱身猶辱國也，踐異國之禮，開媚外之門，是忘本也。』遂以筆墨與國王磋商正務焉。（Corn,Nepos,Coron. C.III）

波斯王庭之苛禮，異國人苦之久矣，其毅然不撓者尚有人焉，如希羅多德所述者是。薛西斯（Xerxes）遣兩傳令官經司巴達（Sparta），索水及土，以爲屈服之證。司巴達人投其二使於井，而戲之曰：『水與土皆在此間，恣意取之，回國覆旨可也。』司巴達人有頃悔其所爲，立佈告於邑中：『國中尚有拉極第夢（Lacedaemonian）其人爲國捐軀者乎？』有二司巴達人，名斯柏地（Sperthias）及布利士（Bulis）應徵，挺身而出，自承謀殺來使之凶徒，以解薛西斯之憤怒。二人既抵蘇薩，徑入面王，王命之下拜，不從，左右強之，又不從，並謂頭可斷而膝不可屈也。下拜於人，非其習俗，且其來朝，志不在此。卒不從。(Rawlinson. s trans VII. 134—136)

亞力山大既爲波斯王，則取用其國之禮習，每登殿，堂皇高坐於上，羣臣羅拜於下，非祇在亞洲如是，即在馬其頓(Macedonia)亦然。亞力山大自以爲神聖不可侵犯，要其臣民，行拜跪之禮，希臘人大爲不快，尙有許多前輩如卡利斯瑟尼(Callisthenes)等，都拒絕行此卑躬之禮。(Arrian, Exp. Alex., IV. 10—12.)

其足履波斯王庭而拜伏於王前者，亦有數希臘人，其中有一人名提滿哥拿，(Timegoras) 出使於大利烏，(Dariws) 既歸雅典城，則受死罪，以其躬踐奴隸行爲，以辱其國也。初尙有忒密斯托克利，欲以阿塔雪西國之廷作逋逃藪，從習波斯朝廷之禮而不以爲辱，有一官員以其來自國外，則告之以朝覲拜跪之必要，恐其倔強也，及見此，又爲之驚訝不已。(Plutarch Themistocles, XXVII.)

中國古代之有拜跪禮，爲時甚早，積習成風，牢不可破，亦如印度在紀元前早已有之也。雖然，由西方派來中國之使臣，大都循行故事，亦不聞有拒絕者，有之則自八世紀始矣。

約在七一三年，華烈敎主(Calif Walid)派一使來中國，朝貢於唐玄宗。陛見之時，力求免去拜跪之禮，曰：『吾人在國中，祇拜上帝，不拜王也。』左右執之，欲判其罪，以爲不敬君上，罪在不赦。乃有一相獨諫，謂異族之人，不嫻本國之禮，不成罪也，帝遂優容之。[二]公元七九八年，唐德宗在位，訶論(Harum-el-raclud)遣使來中國，隨俗行禮，未聞抗議，大受朝廷之優待焉。

元代之興，蒙古勢力遠被西亞，歐亞交通殊爲接近，歐洲國君遣使來華者踵相接也。一二四五年，敎主英諾森第四(Pop elimnocent IV)派二隊使團來元朝而說其崇奉基督敎。其一隊長老亞司連(Ascelin)率之，經至巴圖(Batu)之營，適在亞美尼亞(Armonia)或波斯之地也。其初使團及蒙古人互相誤會。彼等問亞司連孰爲至尊，知有天子之大可汗否。亞司連順口答曰「否」；且告以敎皇爲人皇之最高崇者也。[三]蒙古人聞之甚怒，復問其有何貢物帶來。又答之曰：「無」。彼等復暴跳如雷矣。及亞司連既見巴圖，又不行拜跪之禮，衆情愈忿，有議剝此老之皮，以草裹之，送回國去。後卒得主者之妻勸阻，乃免於死，且以二蒙古使送之歸，附有遠致敎皇之御書云。(Abel Remusat, Hist. des Relations politiques des princes Chreietns avecales Emporeurs Mongols in Mem. Acadinser. et Belles Lettres, VI. 419—427.)

教主英諾森之第二度使者，乃葡萄牙人勞郎（Laurent）。彼先至巴圖汗之所；後藉其力送至哈克汗（Khakhan）之廷也。一二四六年八月，庫裕克（即定宗）汗進位，此使團亦朝賀，復蒙賜見，參與者復有佐治亞（Georgia）及愛厄魯夫（Ieroslav）二國之主，俄國沙地（Susdal）公爵，尚有無數亞洲小邦之君長，凡持節來會者幾四千人，儀容並茂，盛極一時云。

中書令星吉（？）一一錄下使團中人之姓名銜頭，及其扈從之人數，及所授命之君主，所以如此者，當彼等未入殿時，俾得大聲唱名也。然後人各四跪。[三]有人上前搜身，防暗藏軍械也。既畢，則由東而入以朝王，蓋惟皇帝本人始能由西而入於幕也。此爲皇帝臨朝、人臣覲君之儀式。（參引 Plauo Carpini, Historia Mongalorun, 754—761）

此隊使團之被優待，過於長老亞司連。至於要其順從蒙古朝廷之禮，每一提起，則各使因宗教性質，而與長老同出一氣矣。此種立異之處，蒙古人卒完全承認之，因當時亞洲之僧道，如在歐洲然，於非教士之前，不行拜跪也。[四]

二年後（一二四八），聖路易（St. Louis）遣安德烈（Andre）長老爲使，致書於大可汗，乃至喀拉和林（Karakkorum）並有禮物多儀，其中有一「紅布的小禮拜堂」各種禮拜堂之裝飾品，及一片眞十字架。使者之來，備蒙優待。惟不久又出發，蓋認法王已服從蒙古之管轄，則攜帶禮物以表忠忱。〔三〕

安德烈長老之來聘，其目的在游說元朝諸王之入基督敎也；然其收效蓋微。聖路易又於一二五三年再遣來朝蒙哥汗（Mangu Khan），亦爲此故。但以一二四八年所派遣者，歸於公務性質，既不得當，有鑒及此，則令敎會之爲首者，卽長老扶蘭察（Flemish Franciscan），羅伯魯（William Ruybrock 或稱 Rubruk）等，小心謹愼，隱匿其來意，爲游方敎士之狀。至羅伯魯在喀拉和林京師拜見蒙哥汗時之狀況，嘗自著一書以述之矣。玆摘引如左：

『有叩吾人以何種禮節朝王，或從本色，或效他邦。吾答之曰：「吾輩皆敎士也，以禮拜上帝爲事。我國貴人從不敢受敎士之叩拜者，敬上帝也。爲上帝故，吾等亦不欲卑躬於人。吾等不遠千里而來，覲上國之光，倘蒙寬假，則僕等將先歌讚美上帝之頌，謝其長途保祐之恩，除不能抵觸禮拜及上帝之尊崇外，其他儘可聽命。」』

『彼等入傳吾語，大王亦不以爲忤。則令吾等立於門口，舉起氈之門帷，時適聖誕，吾人遂歌 A. solis ortus cardine 之歌。吾人歌後，則遍搜吾輩之身，防藏有利器也。彼等令吾翻譯者自解其帶及刃，以門者監視其動作。吾人遂入，入口有一長凳，上列乳酒，翻譯者立於其旁，吾人依敎坐於貴婦面前之一凳。殿之內，滿佈金織品，中央設一火爐，燃料則有荊棘，茵陳根，及牛屎等類。可汗坐於一床上，床鋪以斑皮，光亮照人，如海狗皮者。彼為一平鼻之人，中等身材，年約四五十，有一小婦人坐於其傍，則其妻也。一為其女，名西蓮娜 (Cirina)，乃一性烈之少婦，尚有年紀較輕之兒女多名，以次坐於床上。…………

彼賜米漿令飲，清而且佳，無異白酒。余乃少飲，表示敬意，惟吾等之翻譯者，適立於廚子之旁，故所得飲料甚多，而飲亦最速。……有頃，命吾等發言。吾人遂行禮而前。』然後羅伯魯表露其來意，而王乃答以誇詞。維廉長老補語云：「於此，吾第知有一翻譯之人，但余更不能辨別任何全句之語，特見其飲如牛，而蒙哥汗亦飲之不已。』

(Rubruk, Itinerariun, 304—308)

第二次使團之來華而拒從蒙古之禮，不為勢力所屈者，據世所知，則推一二八八年法王美男子腓力(Philip, the Fair of France)派往朝見波斯國王蒙古人阿魯渾(Argun)之使團是也。使者姓名，今不可考，惟知其舉動之倨傲耳。彼等拒絕向波斯王行跪拜之禮，因其非耶敎中人也。王三命之，則敬對曰：「拜王事小，失職事大，必不可。」阿魯渾卒接見之，優禮有加焉。經此一役，過火之俗，漸告廢除。過火之俗乃韃靼人之習俗，凡新到之外國人在朝者，不論其爲王子或公使，必須與其父母穿過二大火堆之中間；謂如此，則其帶來之種種凶運及衰氣，皆可驅除云。

其次，使節來華者，雖非遣自歐洲之強國，然頗有趣，殊有注意之價値，由此可見中國朝廷待遇外使之禮，十五世紀以來，初無大異也。

一四一九年，帖木兒(Tamerlame)之子沙魯(Shae Rukh)由赫特納(Herat)遣使來朝明成祖，中途遇撒馬爾罕(Samarkand)巴達克善(Badakshshan)及他國派來之使，乃結伴來游北京，尙有幾個回國之中國使臣加入，沿途談笑，頗不寂寞，卒於一四二〇年抵京師。及抵城，則已入夜矣。城門深鎖，時方繕城，則有人導之由城牆之隙而入，直入禁中，止於大殿中之大帳幕之前，有頃，遂與三十萬軍人同過夜於此。紀事者以東方想像述之——謂有二千音樂家爲皇祝福及助慶，二千餘人持杖執戟爲守衛。

天曉，樂聲大作，帳幕之門，忽然大啓，由此直通內殿，殿之上首，則丹墀也。

『公使以次而進，歷地無數，漸入勝處。上部有一幕，大於前者，中建一壇，或座位，其形三角，高可四尺，披以黃緞，滿繡鸞鳳，人謂之「皇烏」。座堆金砌成。左右侍臣，不可勝計，第一位臣管萬人，下有管一千人者，又有管一百人者；每人右手皆執一笏，長可一尺，闊僅四分之一，從不傍睨，惟注意其笏。彼等之後，又有無數士卒，身披鐵鎧，手執長矛，又有數人手持蛇形之劍者，各依品位而立，悄然無聲，幾若無一生人在內者。萬象既定，皇帝(六)由內而入，舉步歷五銀級而上，坐於金墊之上。皇帝中等身材，其鬚既不太厚，又不太薄，有二三百條頭髮下垂，其長及胸，展捲如圜。寶座傍立二女，皆絕色也，頭上有髻，面項並露，耳垂大珠，手執紙筆，注意紀錄皇帝之言。（彼等之紀錄皇帝之言，乃俟其入內，持以示之，欲觀一日所發之各種命令有須更改否，後乃發出軍機處以施行）。最後安排以定，則命使者前，立於皇帝與若干犯人之前。第一件事就是處置犯人，(七)犯人爲數七百，有帶鎖者，有荷架者。每犯有兵一人守之，手執其髮，以待皇命，然皆判入獄者多，置死地者不過數人而已。

『各使者引至座前，約離十五尺之處，而引導官員，跪讀文書，乃關於使者之來歷者。略云：彼等乃自遠方而來之使臣，乃沙魯及其兒輩派來，帶有珍物多種，以貢於皇，欲親龍顏，謹來叩拜。則有皇之寵臣及顧問之查沙夫(Cadi Mulana Hagi Jusuf)乃身統萬軍之官也，行近使者之前，告以拜跪之禮。使臣乃鞠躬三次，惟未以額抵地耳。

既竟，一班使者雙手捧起沙魯之信及巴山加王子(Prince Baisangar)及他邦君主之書，皆裹以黃緞，從東土之例，蓋御用品多以黃色包之也。查沙夫代接其信，而放於殿中Khogia(此名待考)手中，蓋坐於寶座之下也。Khogia 遞上皇帝，皇帝接閱後，又交還Khogia。既乃由寶座而下，且坐於座足之位上，同時呈上之物，有美料之斗蓬三千及粗料之斗蓬二千，以爲宮內之用。七位公使行近皇帝，且跪，而皇帝亦一一詢之，以關於沙魯及其他之康健爲多云。

『皇帝復詢其國之出品，及中國與波斯交通之情況。復又曰「卿等來自遠方，可起，去而進餐」。遂有人引此數位大使入於第一殿，每人各據一席……食後，則引入寓所。室之上部，置有一床，與一升降如意之座位，披有一極美麗之絲墊子，且有一打火器；左右有室甚多，皆有床、椅等物。每一大使各有一室，起居飲食，一律相同。室中有壺、碟、匙、棹之類，彼等每日接受一單，一鵝，二鷄，供足十人之用，每人享有二升粉，一大碟米，二大碗糖果，一罐蜜糖，又有大蒜、洋葱、鹽及各種疏菜，一碗 Dirapum（此名待考）一碗乾生果，若干果實、榛實、栗子、等物。尚有一班衣冠整潔之僕，終日侍立，以伺候云。』

一六五四年，俄國莫斯科大公亞力西斯(Alexis)派使來華，領隊者爲巴荷夫 Feodor Iskowiz Backhoff)。巴荷夫之來華，實藉張桂華或 Koko Khutun (his cokatana) 之力。彼以一六五六年三月抵北京，早於荷蘭東印度公司使團之來凡四閱月。彼云：

『吾等出鎮約一英里，遇兩代表，一爲外國事務部大臣，一爲中國事務部大臣。彼等延余等入一廣大之石室，有數教士居之，聞此室乃特建以迎接大喇嘛或韃靼最高級教士，受衆崇奉，宛如上帝者也。既到此屋之門，則欲余下馬，且向王叩頭致敬。(六)余乃答謂即在本國對王亦無有跪者，惟脫帽鞠躬至地而已；彼等遂無言，荷人從不拒之，而我斷不爲。彼等以王命授以乳酪，余拒之，彼等告余爲往來二國之使，在禮宜受，余乃受，而後返之。吾人入時，見門立三銅砲，行約「三葉斯」(versts——俄羅斯所用之里，計三千五百呎，——

譯者）所經過者多屬市場，然後達到接見之殿，其殿有二石室，四周懸有花氈。吾人每日所享之糧食爲一羊，一小桶西班牙酒，兩條魚，一不大不細之Jafy（不詳其意）麥麪若干，上茶及米又若干，及兩杯酒。

『三月六日使人召余帶各遞信至主客司，余不允，而告來者謂余遞信乃敝君與大王者，非予其臣也。』

『八月二十一日，彼等重申此命；余又如是拒之，彼等告余，倘不從王命，則惟有嚴罰耳。余不置對，余敢自誓，卽使斬余四肢，余不見王面，斷不與遞信分離也。』

八月三十一日，各種呈上皇帝之禮物，特旨送回，因數日前以力奪自巴荷夫者，『因余拒交遞信於主客司；個中人告余曰：「無論來自何國之使臣，不能見我王之面，惟見其大臣，稱爲 Inoanol Boyarde〔九〕是矣。

巴荷夫仍舊閉居於一公寓或公館，而不能見任何人物，至九月然後回俄。

是年七月一荷使由廣州抵北京，其來自陸。其來也，乃荷蘭東印度公司得求在廣州通商權利也。使團中人乃由下秩之官員延接住於巴荷夫之舊居不遠。使者之姓名，及所帶之禮物，及關於彼等其他各種可推知的詳情，一一有人錄下，有衛兵守之，以資保護。中國官吏特別詢問公使之來是否與奧倫治王子(Prince Orange)有關係，有關係則可，無關係則皇帝不見也。彼等告之曰：前任之使，來自高麗及柳礁島者則然，前者爲王之弟，而後者爲王之壻也。此種語調，近嘗用之於巴荷夫，其目的無他，實令使者認識皇恩，當賜之陛見之時，尤深感其藹然之狀。幸而使者爲王，或屬於高貴之地位，則皇帝之偉大尊崇，愈覺有擴大之可能也。中國人之意，常欲捧其至尊於萬物之上，不惜巧計百出，以取勝一時，蓋不如此，則無以君臨萬民，而示威遠國。故亞加蘭打之伯訥典(Bemareline of Escalact)敍述阿瓦(Ava)暹羅及其他亞洲諸邦之使節來華云：『彼等之遣使也，常以四五人俱出，各授以同樣之威權及信物，蓋防其中途斃命，而信不得達也。彼等之死，非盡由於病，彼等（指中國人）常於席間毒死其一二人，則爲之築一偉麗之墳墓，而墓碑盛陳彼等爲何人，其來華之原因，及受何國之命者。此種行爲，不過欲令皇帝領土之令聞之偉大，使民衆歷久而不能忘耳。』

今又復述荷蘭使團矣，耶穌教士其時在京都握有極大之勢力，對於使團大加攻擊，其時一神父告吾等曰：『彼等決意對於荷蘭人不留餘地，小心謹愼以壞其工作，而百計阻其與朝廷接近。』

一般神父常處窘境，財貨無多，故其謀不能發揮盡致，而荷蘭人則富有禮物，供其揮霍也。故神父約翰亞丹云：

『有銀三千兩亦足備禮物以獻於皇帝矣。荷蘭人所持者何足相敵，吾人必簡在帝心，則可盡力以離間此種異教之人。惟余等距澳洲甚遠，不能將此言告之（即其教教會之首），雖有事，吾人亦將不聞；雖然，余謹可敬之神父乎！余謹告汝，吾力之所及，不惜藝術及勞力以描寫此種荷蘭人之本地色采……吾人之上帝許其入日本，而流行於此島，必不許其侵入中國，而害教也。』

雖經教士之努力排斥，而使團仍安然受款接也。

『皇帝既得關於荷蘭人之報告，則下詔其樞密之臣，謂將接見荷人，如大使看待，又命人帶彼等至新殿，以便親覽焉。……

時候既屆，皇帝第一次入新殿，此時並不賜見，但此國之俗，凡來自異國者必先行禮於載有國璽之殿，因此地由天所擇，故常處潔，而外國公使第一必先顧及之，其未曾到此地者，則皇帝不賜見也。凡與皇上相見或因任何機緣入殿者，必須依法行之，即皇帝自身亦難逃此例，蓋登基之時，必先到此地，頓首致禮也。……」

八月十四日，使者允從其俗，三日後乃得接見，遂有一隊官員盛服而引入一古殿中之小禮堂內。有頃，又引入一庭，而置身於一舊寶座之前，寶座四周有欄範圍之。典禮官抗聲大呼曰致敬，繼呼曰跪，叩頭，起；共唱三次，後又呼曰走。此禮舉行於一班中國博士之前。禮畢遂回舍，候至八月二十五號，此日乃與皇帝見面之日也。

皇帝遭其兄之喪，不臨朝。乃至十月二日（一六五六）始復其故，帶之陛見者亦爲舊時之官員，彼等既在御座之前行其三跪之禮，乃特地於晨早二小時來也。使員共六人隨之，有人引彼等入於宮中之第二殿，坐於藍石之上，在空庭中候至天曉。大摩加爾（Great Mogul）之使坐於其次，又有喇嘛之代表及蘇底斯（Sulatses）之代表亦備召見。有頃，又帶入殿中，皇帝高踞寶座，官員如堵，其章服亦不一，昭其品也。寶座之下，足特別引人注意者，則有「六馬其白如雪，其鞍綴以珠寶。」彼等方目不暇給之時，忽聞鈴響，一兵以皮鞭劃於空中，迫迫作響，凡三聲，如鳴槍然。衆人聞此，皆起立，同時聞一悅耳之音樂，八音齊奏，各種高級官員及大摩加爾之使，喇嘛僧及其他，皆叩頭於寶座之下，國之尚書蒞前問荷蘭使者之頭銜。彼等答謂領有總兵之銜，廣州總督所授與者，可以覆核云云。而大摩加爾使者亦謂然，彼等分行而坐。

『殿之中央，有二十石鑲有銅片，乃刻有跪拜者之頭銜。使者乃立在第十石。典禮官唱曰：「向座而前。」此語一發，彼等皆起，向座而趨。然後典禮官又唱曰：「各歸其位，」彼等如言。又唱曰「三叩頭，」復唱曰：「起。」既行三次之後，典禮官又唱云「歸位。」彼等即刻步行至殿之左方，各據舊位。』

行禮後，又引彼等入於別一高殿或壇，大摩加爾之使者亦然，又再跪，三叩首於地，設茶，加以牛乳，盛以小木碗。同時又聞鈴聲，皮鞭響聲，彼等繼續下跪，而皇帝出現於三十步遠之金寶座上。座有二臂，雕作龍形，將帝身遮蔽，所露見者祇頭部之小部份耳。有二王親坐於其下，其後又有三大臣。彼等皆執木碗飲茶，皆穿藍絲服，繡有蛇龍之象，其帽有小金球，飾以珠寶。

皇帝對於使者不發一辭，有頃起而離殿，使者告吾人謂皇帝〔一〇〕乃一少年人，面貌清秀，身材中等，四體勻稱。自皇帝一離殿後，衆乃不復矜持，一時官兵及他人之在殿中者，一擁而入，爭觀所謂荷蘭人，如觀非洲野人之狀。』

同日，宰相具餐以讌外國使者。此席乃皇帝所授命也。未入席之前，人皆向北而立，（因皇帝居於此方）行三次敬禮，如以前在寶座前所爲，席上所陳之饌，有最奇怪者則爲駝肉，烤而煮之，或爲蒙古客而設，三月不知肉味之人，可快朵頤矣。餐畢，又命使者放所餘之食物入袋，而帶之歸舍。食後又設飲，飲則有燒酒，載以壺，傾於碗中，以木匙挹入金銀器裏。或告之曰：此種飲料乃由甘乳濾出云。

讌後，使者又要在皇帝宮中之方向致禮，謝其款待之恩渥，述此書者太息無限，謂：『彼等別去，無有慰問及其他禮節施之，而一日之間，行禮之多，誠屬疲於奔命矣。』其後遇有入宮之事，又再爲叩頭蟲。

最後，經過數次宴會後，彼等謂此際大摩加爾使者及其他外國使者見待之優渥，實非彼等所望。李布（？）交一函予巴塔維亞總督(Covernor General of Batavia)而命之即離城，彼等接受之下，二小時後卽離城。當彼等在北京時，實未克游城，蓋長日居於館中，如穴中之隱士，而不許擅出。除往朝或到禮部外，每日由皇帝之令供給彼等以下列之物，每個使者得有六斤肉，一鵝，二鷄，四壺燒酒，二兩鹽，二兩韃靼茶，（粗茶磚之類）兩半油；而祕書者則有二斤肉，半兩茶，一斤蜜，一斤豆腐，半兩油，四兩醬等物。在所給各物之中，米尚爲大宗云。

至於彼等來華之目的，一部已告成功，因中國朝廷已許荷蘭人來廣州貿易，以一次爲限，爲期八年，但人數不得過一百，而二十人猶須持禮物到京有獻於王也。

註〔一〕舊唐書大食傳有云：『……開元初遣使來朝，進馬及寶鈿帶等方物。其使謁見，惟平立不拜。憲司欲糺之。中書令張說奏曰：「大食殊俗，慕義遠來，不可寘罪。」上特許之。』（譯者補充）

〔二〕我書至此，憶及一事，則隋文帝開皇二十年（西歷六〇〇年）倭王上書事，而日本史闕。其書曰：『日出處天子，致書日沒處天子，無恙……』帝覽之不悅，謂鴻臚卿曰：『蠻夷無禮，勿復以聞。』（杜氏通典）（譯者補充）

〔三〕馬哥孛羅，於其書中述及忽必烈朝廷之禮節云：『彼等皆坐，各依其秩，乃有一大教長（疑是司儀官之類——譯者）起而唱曰：「鞠躬，敬拜！」一侯唱後，全班鞠躬，其頭及地，向皇帝朝拜，視之如上帝。此種禮拜，複演凡三。』Yuleis Marco Polo,nd.edit,I,378.

〔四〕有問羅伯魯（Rubruk）見哈克汗（Khakhan）所行之禮，則亦援歐洲僧侶之例，而蒙古人亦優容之。道士張宗演（？）以一二二二年見成吉斯汗，曰：『今須聲明在先者，凡道教之長，見皇時，並不須拜跪也。』見 Bretschneider, Chinese Mediaeval Travelers to the West, P.47. 又見 Du Halde, Description del' Empirede la Chive,IV.269.

〔五〕見 Abel Remusat,Op,sup. cit. 445——449. 關於此事，尚有一佚聞，吾可連帶而述之於此，蓋得之於 Plano Carpiui (Op.sup.cit.,621) 云：米查者（Maichel）俄國要人也，降身爲巴圖之囚，蒙古人先設火二堆，而迫令其穿過其中間，謂可消除其身之衰氣，然後又令其南向鞠躬於成吉斯汗。米答謂情願在巴圖及其僕役之前行鞠躬禮，亦不願向死人之像行之也，身爲基督教徒，不能遵命。彼等命之數回，他亦不允從，聲聲求死，不欲爲之。一衞士以劍刺之，遂死。

〔六〕明成祖，名棣，其統治時代由一四〇三年至一四二五年。

〔七〕此舉實爲中國人之小慧處，蓋欲故示寬容於外人也。

［八］卽伏拜於御座之前是巳。一八〇五年，高魯金伯爵(Count Golovkin)亦須在一黃絲蓋面之檯前行禮，蓋代表皇帝其人者也。

［九］Inoanol非俄文，亦非華文。Inoanol Boyarde 疑是樞密院（內閣）之一閣員也。

［一〇］帝乃淸世祖（順治），其統治時期由一六四四年至一六六二年。

下篇

一六五四年，俄羅斯遣使來華，雖失敗，然亦無不祥之事發生，中俄二國之貿易仍進行如故。一六八九年尼布楚條約中(Treaty of Nipchu)俄人要求一國遣使至他國磋商二國之正務，則此大使必受隆重之禮，彼等應交其主之函於皇帝之手，且無論身在何處，亦須有完全自由，雖在朝廷，亦無以異。中國全權代表乃以摸棱之言答之，謂本國之待使團常以特禮。至於求帝更變其朝之典禮，實爲思出其位，非所敢言云。［一］

埃第化(Ysbrandt Ides)乃於此條約完成之後，俄國遣使來華之第一人也。彼於一六九二年來華，著有一書，述其所歷，惟並無一語說及與康熙帝見面也。［二］

一七一九年，彼得大帝又遣使來華，使者爲衣米洛夫伯爵(Count Le off Ismailoff)，有二書述其行蹤者傳世，一爲禮巴神父(Ripa)所著，彼蓋爲北京傳教士也。一爲英人約翰比爾(John Bell)作所，彼爲使館中人。

一七二〇年十一月二十九日，衣米洛夫伯爵正式入北京，扈從九十人，大奏軍樂而進。五百中國軍爲之清道，一俄國軍官，戎服儼然，拔劍先導；隨其後者則軍士、蘇鼓隊及僕從，而伯爵騎馬殿後。其傍有一彪形大漢，及一侏儒。而使團中人，書記官及僕役押後，或騎馬，或步行。彼等居於敎會之宅地，在俄國公使館之前，而外庭之戶有鎖，係鈐有皇帝之御璽者。

使團到日，忙於應酬，特派向其磋商之大臣，中有數基督敎徒，賜讌、殽饌之外，尙有生果、糖果及靚羊肉，大臣求伯爵叩謝聖恩。伯爵拒之，申明彼乃代表其王者，則與皇帝相等也。雖然，彼亦願行其本國覲君之禮，而大臣遂不得不認爲滿意。

種種所爲，卽有人佈告於皇帝，皇帝欲避開此種困難，乃先延使者入私室相見。伯爵謂此亦可從，惟求能遞信物於皇帝足矣，且再聲明謂當獻信物之時，不能叩頭，惟祇行歐洲大使在王前所行之禮耳。彼示彼必親交緘札於皇帝之手，而非依中國習俗，但放於檯上，有大吏接之，而上於皇帝。〔三〕皇帝當然不允。皇帝乃遣許多奔走之人向伯爵游說，並設種種方法，俾其易從，而伯爵一概置之不理，因降低其地位，不服也。皇帝見其堅決，乃使人謂之曰，無論何時，中國遣使至俄皇者，則當脫帽立於其前，雖就中國習慣而言，惟罪人始免冠耳，且一依一切莫斯科之禮俗而行。宣詔至此，而為首之官立刻脫帽於大使之前，大使認為滿意，允行叩頭禮，依中華之俗，〔四〕且放其緘札於案上，距御座不遠，於是有一朝臣遞之於皇上。〔五〕而大臣又謂皇帝許其出入於紫禁城，如前入北京之狀也。

十二月九日賜見，其地在北京之西約六里。〔六〕大使及其扈從由此騎馬出發。衣米洛夫伯爵及其隨員九十人在飲茶之小室中恭候半小時後，乃在大殿之走廊默靜有頃，而皇帝來矣，乃據雕木之寶座，離殿之地板有五步之高，有階而升也。皇帝交腿而坐，其右有三子坐於墊子上，距此不遠，又有戟兵、侍御、宦官、首臣及若干基督教徒皆立，皇帝穿一黃裏衣，其上有黑馬褂，戴帽，頂有大珠，此其身唯一之飾品也。寶座之足即在大殿之地板，分排坐於墊子上者，則有此帝國之第一等滿洲人王公大臣及稍次之品秩官。寶座之前，近大殿之入口，則具一桌，上設糖菓，以供御用。[七]在空走廊，即在大殿下之七步處，復有一桌，衣米洛夫伯爵立於其前。依中國之禮，大使應放信件於此桌之上，跪於走廊；但皇帝命攜桌至殿中，而大使隨之而進，亦異數也。

衣米洛夫伯爵乃入，卽叩頭於桌前，雙手持函以進。皇帝其始對於此使，特加青眼，今忽欲挫之，乃任其久叩地上。[八]而驕傲之俄羅斯人心甚不快，乃口作憤怒之形，側其首以表示不悅，於廣衆之中，爲非禮之擧。皇帝乃諭大使親身呈函，伯爵從之，跪其足下，彼亦以手接之，此誠破格之恩典也。

進函之後，經司儀官之指導，立回原處，惟不久又移往中央，面對皇帝座處。皇帝之後，立侍臣及軍人走使。當各種禮節依秩序部署之後，禮部尚書以一特殊指號，令衆齊跪，數分鐘後，叩頭三次，復起，又跪叩三次。其禮目爲三跪九叩云。

大使遂帶至皇帝足下，帝親詢之。伯爵乃謂俄皇遣彼來問陛下之康健，且聯二國之歡也。皇帝亦以極有禮貌之態度答之；且謂今日爲齋戒之日，不應談論正務，俟有機會，然後賜見也。大使於是坐於矮墊子，在公侯之末，其四侍從則在其後，在第二行之尾端，而御讌開始矣；皇帝乃親手以金杯遞酒於衣米洛夫，賜酒既竟，則有一桌糖果遞於衣米洛夫面前，復來第二桌，則其上盡皇帝御饌，野鷄之香味，溢於四座。席間盛陳歌舞及其他游戲品。將夜，皇帝乃退息，俄羅斯人亦歸，並無其他之禮節。衆見皇帝見待之優渥，皆大歡喜，以前種種之煩惱早已煙消雲散矣。〔九〕

一七二七年五月，葡萄牙公使密特奴氏（Alexander metello Sonza menezes）來北京，皇帝接見之種種情形，大概得自北京基督教士神父佩南連（Parrennir）致其友人禮爾神父（Father Nyel）之信中。〔10〕密特奴見皇帝時，以葡王約翰五世之信置帝手中，並賀其登極，乃退回殿之前列，且率其隨員大行其三跪九叩之禮。後賜座，甚近帝位。彼跪而陳辭，文質彬彬，龍顏大悅，每二日即有賜宴之舉。七月七日密特奴辭行於圓明園，而歸於澳門。

一六八四年，英人在華始有立足之地，迨及十八世紀之末，仍未有發議與北京朝廷作外交舉動，惟至一七八八年實屬最宜遣使聯二國之交，且謀一立足點也，遂以加司加特（Col. Catheart）使於北京，惟使者未及履任而死，故使節稽延至一七九二年，而馬卡特尼伯爵（Earl of Macartney）受任爲大使，遂於一七九三年七月杪自白河之大沽口出發。彼與其扈從樂隊衛隊等及進貢之禮物一齊上船，一路鋪陳儀仗，直至天津。馬卡特尼聞皇帝在長城外之熱河，接見之，且在此祝壽，則由白河駛至通州，舟上旌旗，大書英吉利之貢船數大字，迎風招展，大有可觀。

使團由通州至北京，入朝陽門（城之東門）繞過宮邊，由城之西邊而出，休息近於圓明園之村落中。先有人囑其將貢品陳列於圓明園之行殿中，有要求伯爵叩頭於寶座前，如荷蘭及其他外國使之所為。

大使非祇承認叩頭而已，並且中國臣民對於君主所行之禮亦願行之，惟要求朝中五等爵，其職位與其相等者，亦應對其攜來中國之佐治三世之肖像行同樣之禮，以為往來云。

此種提議達於帝座，惟大使不候答覆，卽坐驛車與其隨員出發至熱河。既到，中國人乃大開朝議，定奪此事，且允通融辦法，酌減繁文，不以高麗等屬國之使禮相待。惟馬卡特尼伯爵祇允在皇帝之前屈其一膝，如覲見國王之例，依英國官書紀載，謂中國皇帝亦嘉納此使團，不久賜見於萬樹園之幕中，東方未明，大使卽在此處候駕云。

馬卡特尼伯爵之抗議，人多疑之，安迭生（Aeneas Anderson）使團中之一人也，但彼未預朝見之事，則謂其時所行之禮，凡目覩其盛者皆嚴守祕密，疑其中必有不可告人之事也。[二]而中國人方面，皆嘖嘖謂馬卡特尼伯爵叩頭也。[三]不獨此也，俄籍譯員維特金（Vl-adikin）者，其時正在北京，及其他躬逢盛會之人，皆斷斷然謂英國大使行其三跪九叩之禮，人言藉藉，要非無因。[四]

雖然，馬卡特尼伯爵數日後離熱河而回北京矣，皇帝亦修一函與英王佐治，辭旨不遜，命其攜回，而內閣亦發出暗示命其離城，使團乃忽忽而去，由大沽駕舟回國。[五]

一七九四年，荷使來北京，主之者爲鐵星（Titzing），乃奉巴塔維亞國會及白蘭廠之命而來（廣州之最大荷蘭廠），賀乾隆八十壽誕者也。由廣州跨陸而來，沿途用二輪車代步，（因轎不備使員）。乃於一七九五年正月隆冬之夜抵北京。

使團中人在城門外之小旅店歇宿一夜，無物可食，復繞御城一週，入居於數小旅館中，其西則英國使館也。至今蒙古人有事來京，多寓於此。

翌朝，有一紅珊瑚鈕帽插孔雀毛之官員，以皇命賜公使以一大鱣魚，公使乃於庭中接受賜品，叩首以謝。來員告之，謂皇帝將以明日接見，囑彼等不可忘記修容，且須於晨早三小時起身。於是五小時乃駕兩輪車來宮。既到御城之西，則有禮拜堂在焉，則稍候，先候於一所汎房，繼又移於別間，圍觀者皆大笑。天既明，則行入御城，過石橋，則命與若干高麗及蒙古人使成行跪於路傍接駕，蓋帝將駕臨北湖之西北岸之一行宮也。

御駕既到，荷使跪迎，皇帝坐於黃輦之上。左右取使者之信上呈。帝少息，流目四盼，稍訊彼等之由來，及其王之康健，乃過。

荷使乃自有人引入園中，四周皆冰湖，復入於一館，近皇帝御食之所也。帝賜食品，則又叩謝。食竟，又引入於園中，看中國人戲冰，皇帝亦駕雪橇，而彼等亦一顯其好身手，衛兵僕人皆大悅。不久，皇帝回殿。荷人復有人引入禁城，乃由何中堂（內閣中一大員）接見，復對之行跪禮，有所問訊，則皆立對云。

留京之日，荷人竟被視為天然之異物，幾被華人看煞。甚至召入宮中，供婦女之游目；飽受饑寒，不堪其苦；且每日必須到殿中，當無數人之前作叩頭蟲。卒待禮物呈上後，皇帝回禮及一封信，與使者帶回，然後別，時當二月十四日也。在京凡四十日云。[三五]

一八〇五年，俄國政府應中國政府之命，遣使來北京，使團組織甚備，主者為高魯金伯爵（Count Golovkin）。一八〇六年正月十五日，使團到崑崙山（Vrga）乃先諭將來朝見之禮，高魯金不願叩頭，援馬卡特尼之前例。此問題傳京待決，而使團亦於此候御旨也。同時蒙古北部之總督得旨賜御讌於伯爵在皇座之前，且呼大使叩頭於幕內一張黃布所蓋之桌以代皇帝者。高魯金拒之，賜讌不成，於正月十日北京命來免見，彼乃即起程返俄羅斯。[六]

一八一五年，英人之在廣州者常見窘事，亦本地政府壓迫之結果也。於貿易條例，又未成立，引起東印度公司董事會呈上本國政府要求派使來北京之舉。美人在華所受之虐待，第一則為數艘美國輪船在多利士（Doris）手下霸其界內之水，而在廣州對於公司人員肆其歧視也。一八一六年，安麥斯特爵士（Lord Amherst）被委為對華大使，是年七月之杪到大沽。有數官員迎之，數月後，大使及其隨員五十四人駕舟前往天津。

是時安麥特斯爵士心中最難解決者，則叩頭問題也，從之歟？抑拒之歟？乃就其隨員磋商，而促其獻議，其翻譯者馬禮孫君（Mr. Morison）及厄爾力斯君（Mr. Ellis）則勸之從，

而斯坦登爵士(Sir George Staunton)則以此舉有傷個人及國家之尊嚴，期期以爲不可。[一七]

於是安麥特斯爵士乃與由京派來迎接使節蒞臨之清官，在天津鄰近之海關署，力爭叩頭之問題。此官謂所需之禮節必與前者馬卡特尼爵士相符，惟叩頭始足相副。而安麥特斯答以本人亦不欲有所更張，惟一依前之英使之舊轍而已，其意當然祇認屈膝。而此華人大聲指明馬卡特尼爵士每次覲見之時皆有叩頭之舉，成例彰彰，殊不可改。安麥特斯爵士表示願以見國君之禮見皇帝，而卒歸無效。彼等以爲如此，則皇帝將必不見之也。後經反覆辯論，叩頭之舉，暫可撤除，惟須安麥特斯爵士在御案鞠躬九次，而廷見之時，則須屈其一膝於上前，連屈九次云。

八月十四日，使團以舟往通州，沿途與護送官員，數有口角。皇帝禁止安麥特斯樂隊隨之赴京，堅執叩頭之議，謂馬卡特尼亦樂爲之。苟不叩頭，禮物一律拒回，而使團亦命歸國。安麥特斯爵士乃效馬卡特尼爵士故智，謂倘滿人與之同稱者，向李真王子（Prince Regent）之像前行其叩頭之禮，則彼可不吝叩頭，或由皇帝下一道聖旨，謂任何中國大使倘到英國朝廷，亦必叩頭如例。如蒙俞納，亦可叩頭。兩種提議，俱被駁回，彼等之最後通牒，乃叩頭，否則免見而已。

安麥特斯爵士乃回，沿河而下，下錨於大通，（？）即白河之小鎮也。小頃，有皇帝諭旨，命其直往通州，與新委大員再議陛見問題，且預習禮儀以備見帝。

八月二十二日，使團到通州，再議朝見之禮，中國人態度頗爲頑固，堅持不下。安麥特斯將讓步矣，而厄爾力斯君則以爲無辱於國，兩膝跪地而九叩頭，一膝跪地而九鞠躬，大同小異，似乎可以通融。而斯坦登爵士則仍極力反對，最後安麥特斯對中國委員持原議，不允叩頭。

使團留於通州一星期，忽有一道諭旨來，命安麥特斯即來圓明園附近之海天村，則皇帝將接見之於圓明園也。八月二十九日抵步，即有人引至圓明園，謂皇帝即接見之。安麥特斯謂不能即往見，蓋身有不適，而各種需要之儀仗未備也。其實憑信之物並不在身，彼乃設法拒絕，諉爲病魔所擾，須安息也。

皇帝初允其請，乃召御醫往視之，而大使則回啓天，未及到，則皇帝已下旨免之，蓋皇帝惡其借事搪塞，弁髦皇命也。或以爲御醫返命，謂安麥特斯乃羞病耳，皇帝怒，乃即免之。

同日，安麥特斯揚帆往通州，皇帝送若干禮物與李眞王子，彼亦以英王夫婦眞像及地圖、顏色印刷品報之。九月二日，使團往天津，下運河，以十月十九日至長江，取道南京至廣州，乃趁舟回國，時則一八一七年正月一日也。

安麥特斯爵士暨其使團所爲，歐洲人士議論如麻；有是之者，有非之者，吾亦不能一一縷述。雖然，吾亦不禁援引拿破侖一世之意，而米亞那所轉述者：『中國之皇帝，有索人叩頭之權利。磋商問題，先斷斷於禮節，其待大使，並不以之爲至尊之代表，隨班覲見，無異王公，既肯叩頭，萬事皆了。俄英二國應指令其使服從叩頭，亦應要索中國大使之來倫敦及聖彼得堡者須一律遵其道行之，依樣胡盧，愛無差等。入國問禁，理所當然，但不可不自尊其國俗。夫下禮於異國之君，一依其俗，誠適合而尊榮也。然叩頭一事，亦拂人之性矣。』

一八五八年，美國委其使窩德 (Mr. John E. Ward) 來北京，遞其總統之函與咸豐帝，事因更換本年六月第一次來華大使里德 (Mr. W. B. Reed) 在天津所訂立條約之定本也。

窩德先生以一八五九年六月離上海，乘本國船 Powhatan 號，直達北塘村，至白河北口。由此上陸，向北京而發，陸則乘車，海則御舟，舟車之上，插有小旗，顏曰「美利堅貢船」字樣。

六月二十八日，使節來北京。皇帝亦遣使迎之，以備磋商一切，此種御使非他，即前年與里德定約之人，而亦昔與美法二國全權大使周旋之主要角色名桂良者也。彼等堅持謂須見皇帝後，約乃可更換，但彼等亦承認美國既非藩臣，亦非屬國如高麗，安南，則亦不須三跪九叩；一跪三叩足矣。

窩德先生答以本人祇跪上帝，如在昔八世紀前有阿剌伯使者來見唐皇一般，且謂本人之來，非斷斷於陛見也。中有一華吏，援引一例，曾折服安麥特斯爵士，且於一八七三年後重用之者，則對使者曰：『吾二君皆敵體，吾與汝皆爲臣子也。故吾等跪皇，汝等亦須同跪，如若不然，則是有意駕凌吾人之上矣』。唇舌之妙，頗足關其口而奪之氣。奈窩德總不以爲然，但允鞠躬於皇，如在本國行禮於總統而已。彼復問華吏倘彼等在外國君主之前，肯叩頭否，彼等卽答云彼等不獨預備叩頭，且在必要時，卽焚香禮拜，事之如神祇，亦所甘心云。

最後有作折衷辦法者，料或得帝之俞允，謂如陛見之時，當一般文學侍從之臣唱『免跪』之時，則窩德行近寶座，深深鞠躬，如施於美國總統之禮。其隨員亦須同行此禮。其後則須恭放總統之函於刺繡之桌，自有侍臣取之跪獻於帝。

帝頗為强項，答謂除非窩德先生屈一膝或以手據地行禮，否則不予接見也。此事美使又不允。而數日之後，總統之書卒交於華差之手，因同時有御旨命之接受也。批約之更換，卒於北塘以非禮方式行之，窩德遂以八月十七日乘船往上海。〔一八〕

自一八六〇年初准外國使團代表在京居住，而朝見問題久已擱置，惟醞釀已深，至一八七三年同治帝行冠禮而始發。先是駐京之外國使臣知此消息，則紛備賀文禮物來致於庭。新設之外使館（總理衙門）之使臣，對於陛見一層，並無十分反對，以為外人倘能依中國對於此事之習慣，則事滋便也。人孰不知，凡與皇帝同等者乃能對立。然皇帝亦無與之平等者，有之則惟外國政府之巨頭耳；而使臣之代表政府者則無同種權利，故不視為同級也。國外使臣認定跪拜之事，雖然有同於卑國，大失政府之尊嚴，已身之體面；而中國人則振振有詞，答謂前者俄之使亦照例而行。且堅謂倘外臣拜跪之時，彼等仍隨班侍立，而外臣則與王公抗禮，則視外人為卑體矣。中國臣僚常持咫尺天顏之憚心，而不惜屈人從己，故雖欲融和華洋之見，亦勢難於措手，觀一八五八年與英國立約後之中國與外國政府交涉之狀況，概可見矣〔一九〕雖然經四月爭辯之後，然後妥協，凡外使來京獻禮者，皇帝以六月二十九日（一八七三年）接見云。

今我擇錄美國公使腓特烈先生 (Mr. Frederick F. Lw) 與國務大臣之公函及其備忘錄中關於陛見之事實於下，而彼視此為中國與外國關係之新分界也。

六月二十九日晨早六句鐘，俄、美、英、法及耐芬蘭諸國之公使畢集於虎門在紫禁城闈牆之內，則有數大臣接應之。彼等乃離座，步行至長春宮，本乃殿地之隅之『中湖』西便一廟，而毗近皇帝祈雨之天主教堂者也。則入於御用更衣室（廟之附近）略用茶點；大臣傳言，謂此種食品，出自天廚，惟終席並不須叩頭也。一句鐘過後，使臣又帶入紫光閣西便之一大天幕中，則恭王總理衙門之總理，及其餘衙門中人在焉。此殿在昔乃皇帝款待蒙古王子來朝謁見之所，亦所以用為休憩之處。外國公使又在此等候多時，而中國朝臣則頻致歉語，謂皇帝正接到喀什噶爾戰地之軍報，故爾稽留耳。最後皇帝駕到，坐於大內壇上之座。五使臣由左門入，中門者，惟皇帝所出入耳。彼等入殿，達寶座之前，則鞠躬於皇帝，進前數步，再鞠躬，後進至寶座之足下，又鞠躬，凡三次。則各據其位，俄使則讀一演說辭，有翻譯者立於其後，即譯爲中文。既畢，各公使進一步，則放其信物於寶座下之黃桌，再鞠躬一次。當信札置於案上時，皇帝微欹其身向前，以示承認接受之意，而恭王跪地與帝語，其聲甚微，命語使臣，告以信物收訖。王子乃起，歷級而下，逕至外使之前，複述其語，則又上壇，跪下，再受帝語。起又歷階而下，向外交團領袖公使述帝旨，敬問其帝王及總統之康健，且深望總理衙門及各國外使之外交事件之順利。觀見既畢，外使退，作三鞠躬，如前退出，彼等復回長春宮少歇，列伕飛而至門外，坐輿而回，則觀見完矣。此次通融，亦極難得，事雖次要，不可不知。

一八七五年正月十二日，同治帝乘龍登天。一八八八年，其嗣行加冠禮，繼之登極。一八九〇年則發一諭旨，謂凡外使遞國書者，則一律接見，如一八七三年觀見之例[三]。

外交團即開數次會議以決關於觀見之行爲，可否如皇帝之意，及何點能令其與西方習慣相脗合。提出與中國外交署討論之節略甚長，凡草稿記錄及註釋，皆加封貼印，備極珍重。討論二日之結果，適在一八九一年三月十五日，十國代表又覲見於出乎常徑之紫光閣[三]，彼等反對甚烈，有一外使聲言：『此事非美，中西輿論亦能指出此地之用途爲一八七三年之覲見，不能視爲成功之主要理由也。』

此次引見，則如一八七三年，所候時間之長久，則如一七二〇年之衣米洛夫，及一八七三年之劉（Low）也。其物質進步者，則不置國書於寶座前之桌上，如一八七三年，而由中國外交署長放於帝側之桌，倘帝欲取，則可隨意，而外交署長亦立而不跪。使臣大悅，而視此實體之進步，十八年所未有也。而劉先生曾謂一八七三年之覲見較一八九一年者，爲眞有深刻之時代性，而彼等之口舌之力實勝長槍大戟也。

倘有第二通融之處，則每公使之來去，皆賜以陛見，且使團之銜有國家大事而來者則通例賜見。分別賜見之例，始於一八七三年，當日本大使及法國公使分別謁見皇帝之時，而亦在一八七四年，則有數名外國外交部代表，中有一美國公使 Mr. Benjamin P.Avery 亦在其列，一體賜見。此事在今日華人視之，無甚重要，不知百年來久懸未決之叩頭問題，至一八七三年始失其效力乎。

一八九四年上期皇帝特建一殿，以接外賓；惟在同年十一月四日則許覲見於大內，但祇爲「恩德之行爲，」慈禧太后六十壽辰，各國元首致賀之書皆可直呈於皇上之手。此次通融，頗可追記，而外人疾首蹙額而道之叩頭問題，遂成過去之陳迹。

註〔一〕參看Du Halde, Description, etc, IV. 197

〔二〕見 Memoirs of Father Ripa During Thirteen Yaers' Residence at the Court of Peking etc. (F. Prandis translation) P. 115 et seg., and John Bell, A Journey From St. Petersburg in Russia to Peking in China. P. 264. et seq.

〔三〕此點亦中國人斷斷計較者。當日凡外國公函仍放於桌上，皇帝伸手可達。

〔四〕北京有一教士，當時亦謂皇帝令其大員在俄皇緘札之前行叩首禮，俄使無辭可答，乃亦行其跪拜之禮。見 Lettres Edifiantes et Curieuses, 111. 308

〔五〕比爾 (Bell) 之紀載與上述者微有不同。此乃得自李斯 (Ripa) 之文者也。

〔六〕比爾所紀之日月爲俄曆，比尋常者早十二日。衣米洛夫謁帝於圓明園，在北京之西數里。而李斯神父則以爲在長春園也。

〔七〕 此為康熙帝，統治時期由一六六二至一七二二年。卡累（Ycmelli Careri）於一六九五年見之，告人云：「身材勻配，面貌文雅，目閃閃如電，而比其國人之目稍大；鷹鼻而其端稍圓；微有痘皮，但不損其美。」Voyages round the World, Pt, IV.,Bk.II.ch 1. (Churchills Collection,IV.304.)

〔八〕 比爾之書，並未載此小事，而所言適相反，謂伯爵初擬置其國書於殿中之檯，帝命之前，衣米洛夫徑至寶座，跪，且放諸帝前，帝以手觸之，既畢，則退至殿之入口，叩頭而出。

〔九〕 Bell, op. sup. cit.,P.277.

〔一〇〕 Letteres Edifiantes et Curieuses. III. 548—55.

〔一一〕 Aen as Anderson Narrative of the British Embassy to China in 1792—93,P. 193.

〔一二〕 Henry Ells, Journal of the Proceedings of Lord Amherst's Embassy to China,92.

〔一三〕 參看 Abel Remusat, Melanges Asiatiques I.450—441.

又看 Barry E. O Meara, Napoleon in Exile, II, 111.

〔一四〕 參看 Sir George Staunton, An Historical Account of the Embassy to the Emperor of China,PP.250—383.

〔一五〕 參看 De Giugnes,Voyagea'Peking, Manille et l'Ile de France I.357—439.

〔一六〕見 G. Timkowski, Voyage a' Peking, I. 133—136.

〔一七〕見 Henry Ellis, Journal of the Proceedings of Late Ambassy to China, PP. 78, 109, 152, 153, 171.

〔一八〕參考 S. Wells Williams, Journ. North China Branch, Roy. Asiat. Soc., No. 3, PP 315—342 Id., The Middle Kingdom, II. 668—670. 又 Correspondence and Despatches of the U. S. Ministers to China, 1857—1859, P. 575 et seq, 及 W. A. P. Martin, A Cycle of Cathay, 190 et seq.

〔一九〕曾國藩於一八六八年上秘劄於同治帝，勸其以平等待西方之國。略謂鞭長莫及，既無利人土地之心，息事寧人，正好用懷柔之策。且勸帝對於諸使臣，賜見以時，不苛其禮，則可見上國之恩德之溥及，而已亦長保其尊嚴矣。（手中無書，不能直引原文，故輙述其意如此。譯者。）

〔二〇〕Foreign Relations of the United States for 1891, PP. 356. et seq.

〔二一〕仝上書，三八四頁。

譯者附言：此文乃譯自美國史學評論第二卷第三、四期，原名爲 Diplomatic Missions to the Court of China. 改譯今名，以清眉目。今者國勢陵夷，外交失敗，寧人負我，反主爲奴，迴念神州，不堪回首。邦人君子，幸注意之！

中國與阿剌伯人關係之研究

Marshall Broomhall著

——中國回教史的資料——

上篇

中國與阿剌伯通商，爲時甚早，抑在今日歷史所紀之前，亦未可定，惟關於最早時代爲絕對之紀載所宣示者，則西曆五世紀之前半葉也。當是之時，幼發拉底河(Euphrates)以至于羅(Hira)[1]一路皆可航行矣。于羅者，乃古巴比倫西南之重鎮也，印度中國等遠地之商船多集於此。此種商船之貿遷，唐史（西曆六一八——九〇七年）載之綦詳。蓋有唐一代，與回教興盛互爲表裏者也。

阿剌伯人固善貿易，而其從事商業則又絕早。證據確鑿，人皆韙之。謨罕默德生時，阿剌伯之陸路商業，雖有羅馬作梗，然擁有二千至二千五百匹之駱駝來往於敍利亞及印度洋之二大道間者，猶未絕迹。此種大經營之每一次運費估計約值三萬三千鎊，而麥加

（Mecca）一處之出口貿易，每歲等於十七萬金鎊，入口貿易亦與之相埒。以如此單簡之民衆，竟能達此程度，誠足令人咋舌。

羅馬人之競爭，已破壞阿剌伯繁盛之陸路貿易之一部份，致令居於商業繁盛地點之商賈移往敘利亞、波斯灣及于羅，而阿剌伯人海道貿易遂大振興。吾人後知有偉伯（Ibn Wahab）者，因巴撒城（Busrah）之亂而來中國，其他亦難免以同樣之原因而破浪乘風，立功異域焉。

阿剌伯商船下泊於波斯灣之沙里港（Siraf），以避大海之風浪，滿儎之後，依中國人所取之海道，揚帆至中國。與文灣（Gulf of Oman）之馬吉港（Muscat），乃衆船會集之第一港口，凡水料及畜牲，皆取備於此。既畢，則駛船入海，並不如古代希臘及波斯之水手，但敢沿岸而行也。當季風來至之時，航行一月，可達南印度矣。

再起程則沿錫蘭（Ceylon）之南岸而行，沿海一帶貿易，直到尼古巴（Nicobar）羣島始已。此地所交易者，皆爲無衣無褐的土人，因其不識阿剌伯語也，則以手號及種種簡易之法代之。交易畢，船復直下馬來海峽（Straits of Malacca），又繞馬來半島之南岸，直奔於北，十日間可抵暹羅灣，再過十日或二十日後則抵崑崙島，(Isle of Pulo-Condor) 此地大可供給淸水。越一日，船至中國海(China Sea)，則此艱苦卓絕之阿剌伯人，卒達著名之廣府。〔三〕

阿剌伯人在廣州已成立一行會於回敎紀元（西曆六二二年）前，亦大可能事，而沙夫氏(M. Schefer)竟謂謨罕默德遣其徒來華學習科學，則未免作驚人之語矣。

關於中國與阿剌伯交通之第一次絕對紀載的時代，距謨罕默德之出世幾二百年。由中史觀之，則當時阿剌伯人及波斯人極爲強盛，其力足以掠廣州而勒索州官者也。在未有回回敎主(Caliphates)名目之前，吾人不能妄希於中史內求出阿剌伯之資料，蓋當時阿剌伯祇視爲波斯國之一部耳。然中國史籍有謂西曆四六一年波斯遣使通聘中國而在北魏（三八六——五三五年）時者。

淯代（五八一——六一八年）極盛之時，正謨罕默德事業發軔之際，固無望阿剌伯遣使至中國之事矣。咄咄怪事，中國西安府所立之回敎碑，竟謂在隋代回敎已入中國，則是早在五八六——六〇一年矣。雖其中所述，不無矛盾，而反對之者，亦實繁有徒。蓋其所表年份，尚有在謨罕默德未受天命之時者，而中國回教徒所確定之說，不攻自破，然碑中亦僅有供吾人談助者，不可棄也，容後論之。

有唐一代（六一八——九〇七年），可謂之黃金時代，吾人始有歷史可稽。唐代建都於西安府，阿刺伯之侵略，猶可考求於此。謨罕默德死後五年之內，中國國都備受西方人之擾，此則大可斷言。同時近代研究回教者，須知謨罕默德絕無傳教世界之夢，橫於其心，而竟能至此者，乃環境迫成。而奧馬(Omar)教主高掌遠蹠於非亞二洲，亦非其初念所及也。

謨罕默德死後五年，阿刺伯軍直追波斯亂兵而斬之。奧馬不能制，乃曰：『余欲美索不達米亞 (Mesopotamia) 及以外之國，中間有山爲之障礙，則波斯必不能來攻我，而我亦不能及彼矣。伊拉克 (Irak) 之平原足爲我用。余寧保境安民，不願百戰百勝也。』故繆爾爵士 (Sir Wm. Muir) 曰：『東征西討以助回教之成。謨罕默德之心，初不如此。』

諺云：『箭在弦上，不得不發。』軍既進行，不可復勒矣。回教帝國發展之速，殆罕其匹，實爲歷史上之最大奇蹟。乃有一事，至足駭詫，則此新國之興，正波斯羅馬及歐洲各蠻族最紛亂最萎弱的時代，一盛一衰，互爲消長，倘非此族狂信謨罕默德之說，恐已盡沒於阿剌伯之塵中矣。然及今計之，奧馬管治下之十年中，阿剌伯人受降三萬六千城堡，毀滅背教者之教堂及廟宇四千所，而營一千四百寺以佈回教焉。自謨罕默德出生之一百年中，回教帝國西至大西洋，東至印度。

阿剌伯軍鐵騎所至，如摧枯朽，波斯人心寒膽顫，幾疑草木皆兵，棄甲曳兵，各尋生路，遺落珠寶，不計其數，盡落於敵人之手。業滋狄澤德（Yezdegird）者，爲波斯英主哥士婁（Chosroes）之孫，而薩山（Sassasian）王朝之最後一人，避地於斐加那（Ferghana）之土耳其族，且遣一使者往中國求援。

其時中國達最盛之時代，則英主唐太宗在位（六二七——六五〇年）也。對外教之態度，一許自由，來者不拒，如景教師阿羅本（Olopan）亦受其歡迎之一人，現在陝西西安府之景教碑，尙斑斑可考。其時中國之邊界，出於波羅（Bolo）之外，甚且達波斯之界，則有六府七十二州在波羅之西及一百三十驛云。

唐太宗李世民助父平亂，遂有天下，文事武備，萃諸一身，求之相斫書中，諸帝皇殆無其四，開館以延文學之士杜如晦、房玄齡、虞世南、褚亮、姚思廉、陸德明、孔穎達、李元道、蔡允恭、薛元敬、顏相時、蘇勗、于志寧、蘇世長、薛收、李守素、蓋文達、許敬宗爲文學士，分爲三番，更日直宿。世民暇日，輒至館中，討論文籍，或至夜分。閻立本圖象，褚亮爲贊，號十八學士，時人謂之登瀛洲。故唐朝文化之盛，侔於漢代，若論武功，有過之而無不及矣。唐太宗又深契信教自由之旨，故除儒釋道三教外，他教流入傳播者則亦任之。其政策之高遠，洵可謂加人一等矣。

各國使者之來長安（西安府）者，其目的非投誠則貢獻耳。當其覲見之時，必有種種儀節，所以柔遠人也。間閱西籍，見有描寫陛見之禮，明白如話，滑稽之語，雜出於字裏行間，令人軒渠不止。吾人閉目一思其排班覲見，三呼萬歲之情況，猶可想見唐貞觀之鼎盛光榮，眞不讓漢官儀專美於前也。

外國通聘於唐，次數甚多，疲於屈指，——有自屬國來者，有自獨立王國來者，如印度之 Nepal, Magadba，又有一次，乃業滋狄澤德由波斯派來者。此次通聘，考之唐史，乃在西曆六三八年，或約在謨罕默德葬於麥地那（Medina）六年之後也。後五年，羅馬帝國閉始通聘，乃因彼等爲阿剌伯所敗，被迫納貢，而來求救云。當其最後與回人爭衡之時，業滋狄澤德是否眞恃中國助其復位，則未能確定。惟其努力終歸無效，蓋彼所依之土耳其，又復狡計賣之。薩山之朝，惟餘一人，而又終歸破滅，哀哉！

羅馬及波斯二大帝國通聘於中國，志在合作以禦強敵，且或警告中國，以此新興之邦，來勢甚銳，不可忽視。吾知中國此時大費躊躇，視爲勁敵，不敢輕於用兵，故對於各國之求援，惟有婉言設法辭謝，未敢輕於嘗試也。

貞觀二十三年（西曆六五〇年），唐太宗崩，傳位其子治，是爲高宗。高宗即位，而外交之事叢集其前。波斯新敗後，復於六五〇年遣使求援，主其事者爲 Firuz，乃業滋狄澤德之子，即唐史所稱之卑路斯是也。中國或已知阿剌伯之不易與，則辭以波斯太遠，不便派軍往助也。但非裝聾作啞，置之不理，仍遣使向歐士茫（Othman）教主爲弱國求情。歐士茫教主遣使往中國答禮，使者爲著名將軍，六五一年使者到西安府，享禮極優，史亦有載其事：

「永徽二年，始遣使朝貢。其姓大食氏，名噉密莫末膩，自云有國已三十四年，歷三主

矣。』（舊唐書大食傳）

書中所謂三主，當爲謨罕默德及二教主額卜白克爾 (Abu Bekr) 與歐墨爾 (Omar)。而使者乃銜歐士茫教主之命來者。

中國大史家司馬光有紀阿剌伯及其他強國在中央亞細亞 Transoxamia 交鋒之事，適在高宗治下第六年也。不久，又聞波斯及希臘退敗，卑路斯既無復國之希望，則留於中土爲武衛將軍，仍掛波斯王之銜頭，時在西曆六七四年也。厥後不久，其子來西安府，華人呼之爲泥涅師（Nini-Cha）者，入爲宮衛，以西曆七〇七年歿於中國。從前不可一世之波斯哥士婁後人，變爲亡命之徒，託庇於他人宇下，客死他方，可見盛衰之理，自爲消長者也。

上述六五一年來華之使者，雖爲由阿剌伯而來通聘中國之第一次正式紀載，但謂以前中國有招待阿剌伯人之事，則亦有理由。中國史官載筆極愼，對於大事之進行，一一紀載，不厭求詳。卽如六七五年摩栧 (Muawija) 教主圍君士坦丁堡無功之事，亦有紀載。阿剌伯打倒波斯，發生政治變遷，及使新邦之勃興，唐史所載，亦甚明白。惟有一事不可不知，則中國距阿剌伯甚遠，故中國人對於謨罕默德之平生行事，傳聞異辭，所知有限，茲錄

一段以見梗概

『大食本波斯地。男子鼻高，黑而髯；女子白皙，出輒鄣面。日五拜天神，銀帶佩銀刀，不飲酒擧樂。有禮堂容數百人，率七日，王高坐爲下說曰「死敵者生天上，殺敵受福。」故族勇於鬥。土磽礫，不可耕，獵而食肉。』（見新唐書卷二二一大食傳）『（隋）大業中，（西曆六一〇）有波斯胡人牧駝於俱紛摩地那（Medina）之山，忽有獅子人語，謂之曰「此山西有三穴，穴中大有兵器，汝可取之。穴中並有黑石白文，讀之便作王位。」胡人依言，果見穴中有石及矟刃甚多，上有文教其反叛。於是糾合亡命，渡恆曷水，刼奪商旅，其衆漸盛，遂割波斯西境，自立爲王。波斯拂菻各遣兵討之，皆爲所敗。』（見舊唐書卷一九八大食傳）

此兩段紀載之事實及日期，大都附會謨罕默德受命之事。據可蘭經所云，則彼約四十歲時在于羅之一山巖中，得一感應『忽有一龐然大物現於其前，引之近身，相離祇一間，開始授道。』（可蘭經第十章）

阿剌伯將軍古泰伯（Kutaiba）領其大軍，轉戰中亞細亞，其時正唐肅宗在位之時，（

七一三——七五六）西方大事，如蔴而起。華烈（Walid）教主雄才大略，連征服中亞細亞、印度、小亞細亞、非洲、及西班牙，猶未饜足，一意銳進，自西而東，皆成恐怖區域。繆耳（Muir）評華烈云：『回教之遠播及團結，從來回教主未有能及之者。由中國之疆界及印度之濱，以至大西洋，其言卽法律也。』

古泰納將軍其人，曾有一土耳其人許之云：『其人雖在天末，視吾王在戶外，尤可怕也。』據此，倘彼不以殘賊之名自汚，則不成爲回教之大英雄矣！中亞細亞之戰禍，乃彼一人造成。凡燬廟堂，勒財帛，立回寺，及殖回民諸事，皆其一人之力居多。

折衷於阿剌伯及中國歷史家之紀錄，甚爲棘手——蓋二者所用之日期，甚難使之相合也——故雖一彰明較著之大事，亦須幾許考證。印度嘗爲回人Kasim領導下之阿剌伯人所困，而西藏亦同向中國乞師，其貢品有無數能言之顏色鳥者，——顯然爲鸚鵡。——中國遣二十萬軍，由御姪督師以抗古泰伯，但僅支持未敗耳。

——中國與阿剌伯衝突，甚爲有趣，吾人可詳論之。古泰伯成功之後，遣使至中國。唐書紀之如下：

『開元初（西曆七一三），遣使來朝，進馬及寶鈿帶等方物。其使謁見，惟平立不拜，憲司欲糾之。中書令張說奏曰：『大食殊俗，慕義遠來，不可寘罪。』上特許之。尋又遣使朝獻。自云在本國惟拜天神，雖見王亦無致拜之法。』（見舊唐書大食傳）

由上觀之，此使竟不願叩頭，甚爲有趣。倘中國人認其言爲眞，熟思其理，則此卑穢之事，必行廢除，而以較高尚精神的禮節代之。必不待於千載後，吾人始覺其非也。雖然，有待於解釋者，今請言阿剌伯作者所述之故事。

阿剌伯將軍之成功，中國軍隊之退保，前已言之。而古泰伯在中國疆界之外，已爲一國之主。吐蕃及韃靼軍皆告失敗，中國方面，亦無能爲役。當此之時，倘有何物足阻其入中國本部者，正如封豕長蛇，薦食上國，且地利人和，尤足助其成功，其野心實有加無已也。

據阿剌伯載記，則謂此次使團，人數凡六。第一次覲見時，穿華麗之服，帝不接見。第二日，又穿黑袍以往，帝又不見。第三日東戎裝以往，帝乃接見。帝問其行事及衣服之奇怪，則答曰：『第一日所穿者，則見貴婦之服也。第二日所穿者，則朝服也。第三日所穿者，則對仇人之面者也。』帝壯其言，乃厚賜遣之。

惟繆耳所述，則微有不同，當其迭述古泰伯既取科眞德（Khodjeud）守沙（Shush）及裴加那（Ferghana）各城，直至喀什噶爾（Kashgur）展拓至中國邊疆，則繼續說：『謂使者來朝華時，中國皇帝令取土一包與之，謂可踐踏以應古泰伯之誓語，及一袋華銀，及四個皇族少年云』。

回教軍之勢力可謂極一時之盛，睥睨歐亞二洲，卽中國亦不敢攖其鋒。唐史載謂中國及君士坦丁之路爲阿刺伯君所阻，絕不可通，以言海道，則長而且遠，惟有另尋第二條陸路（西曆七一九）。中國適有天幸，未被兵禍，而唐皇見機，事事取懷柔之策。加以賢臣林立，佐輔得宜，故阿刺伯人亦不操之過切。一俟華烈第一教主之死，繼以古泰伯之被刺，而翁米亞王朝（Omeyide）又被阿拔斯朝（Abbasides）打倒。重以貴族爭權，黨派競起，一時並作，回教帝國遂四分五裂，而中國得免於兵禍。

有一極有趣而奥妙的事實值得特殊注意者，則現在所紀亞洲之大事，竟與歐洲都爾（Tour）之戰，分發東西，遙遙相合。又七三二年阿刺伯軍西侵，則爲馬忒爾（Charles Martel）所厄，向東發展，亦止於中國邊界之外，時間相符，天然偶合。

抑中國當時並非深拒外人也。舊唐書西域傳云：

『西方之戎，古未嘗通中國，至漢始載烏孫諸國，後以名字見者寖多。唐興，以次修貢蓋百餘，皆冒萬里而至，亦已勤矣。然中國有報贈册弔程糧傳驛之費。東至高麗，南至眞臘，西至波斯、吐蕃、堅昆，北至突厥、契丹、靺鞨，謂之八蕃，其外謂之絕域，視地遠近而給費。開元盛時，稅西域商胡以供四鎮，出北道者納賦，輪臺地廣者則費倍，此盛王之鑒也』。〔三〕

是時適有一波斯著作家，名奧佛 (Nur Eddin Mohammed Oufi) 者，回教紀元 (Negira) 第七世紀人，嘗肄習於布喀刺 (Bokhara)。其人爲一大遊歷家，嘗著一書名軼事集，(Collection of Ancedotes) 乃撏撦古代阿刺伯典籍編成者。玆引其有關係之語於下，要亦有稗於研究者也。其書述及有色地斯 (Zaidis) 族者，乃十葉 (Shiahs) 之宗派，而至聖之遺裔也。流寓於中國境外，爲中華皇帝作譯人。至其何以來作寓公，則不可不述。先是當翁米亞王朝（Omegides 661-750A. D.) 時代有一邦 Zaides 人及阿里教主 (Caliph Ali) 之後裔移殖入於叩拉薩 (Khorsasan)。翁米亞王窮索之，色地斯人士恐，逃入東方，不敢休息，至中國始已。

七五〇年，翁米亞乃爲阿拔斯朝所打倒；而在六八〇年何辛（Hosim）被殺之前，色地斯猶未變爲回教徒也。則所述之事，必在此兩個時代之中間矣。據此，則此種仇視，實令回教世界分爲 Sunnites 及 Shiites 二大黨派，而與佛之語非無稽之談也。

此篇所述，自回教之興，迄翁米亞朝之倒，舉無遺漏。今進而述阿拔斯朝與中國之關係，以見回教之東漸也。

中篇

自阿拔斯王朝之興，而回教史之情勢頓變，且一入此時代，回教軍人紛紛入居於中國。阿拔斯自即位以來，大開文學與科學之紀元，皆與八達城大有關係，後與吐蕃爲勁敵，而吐蕃常在下風也。

阿拔斯王數次通聘於中國，唐書皆有備載。其最重要者，如新主阿蒲羅拔（Abual Abbas）之通聘，八達城建設者阿蒲恭拂（Abu Giafar）之通聘，及訶論（Horun al Raschid）之通聘，此人近日知者尤多，凡讀天方夜談一書，皆能道者。「阿拔斯或稱黑旗」，而唐書則稱爲「黑衣大食。」

阿拔斯興後五六年，第二教主阿蒲恭拂正積極籌劃行刺其大仇人雅士林。(Abu Mnslim) 雅士林爲當時偉大之人，亦卽阿拔斯 (Abbas) 族之手創者，素嫻武備者也。中國之內亂，適爆發於此時。公元七五五年，韃靼種或吐蕃人之安祿山親爲禍首。玄宗天寶元年，以安祿山爲平盧節度使。祿山本營州（今土默特地，在熱河東南部）雜胡也，傾巧善事帝左右，帝以爲賢，授以節鎭，祿山又屢有邊功，賜爵東平王。是時安祿山兼領三鎭（范陽、河東、平盧，）又內結楊妃，出入宮禁。其後野心難戢，舉兵遂反。帝出奔蜀。太子卽位於靈武（寧夏靈武縣，）是爲肅宗。借兵回紇，阿剌伯軍亦在其列云。

阿蒲恭拂教主之兵，號爲精絕，旣應命，乃遣四千衆相助爲理，卒復兩京，卽西安府及河南府是也。時爲西曆七五七年。阿剌伯之軍，或卽來自土耳其斯坦之前線可想而知，蓋兵貴神速，倘遠在八達城，何能一召卽至。但事平之後，不回故處，留居中國，娶妻生子，據一般人之推測，或已變爲今日中國境內回人之孩子，已忘其本來面目。

唐書煌煌然載其事，但無一語及教主所遣之援軍有若干人耳。此段事實，金石文字有紀之。雖然，此大隊阿剌伯軍之入中國，大可視爲回教向中國進展之一證。但同時一須知，前乎此者，已又有邦外國人入華，固不待此時也。

回軍入華，娶妻育子，不復回鄉之事，各家紀載皆無異詞，欲更考求此事之眞，則不矣。根據廣州回教寺之壁上石刻文字，卽在所謂謨罕默德母舅之葬地，其中有謂所援軍幾近十萬人，非祇四千而已。其立功多者，則留居西安府。根據另一紀載，則此幫回故鄉，惟不得久留，因彼等久居食豬肉之國，故彼等留華，實迫處此。

惟在另一譯文，則謂彼等在洛陽（東京）時，越軌行動，乃遣之取道廣州，而回阿惟在廣州，有人譏其在戎行中已食豬肉，久而不堪，乃與阿剌伯人及波斯人藉端生劫其城。廣州都督避於城上。尋奉旨赦阿剌伯軍，令其留居此地，得結婚焉。

上列之回教文字所述之事，非盡無稽，蓋唐書亦有紀載，謂七五八年阿剌伯及波合力焚劫廣州，後由海道回阿剌伯。退山(M. de Thiersant)亦謂代宗（西曆七六三—八〇年）之時，其疆土爲三十萬之西藏（西藏卽唐之吐蕃地）軍所侵，求援於阿拂，阿蒲恭拂遣兵來助。中國乃重抽茶稅以供此軍之餉云。但未知其卽指此事否也。

而言之，約在此時，必有阿剌伯軍人入華而留居中土，人數且在四千以上，可斷言也。

尙有一小事，足見中國朝廷對待外使之機巧。當回紇及阿剌伯二隊使者同時到京，同時陛見之時，各爭先入，不相下，而中國應付有方，特開二門，令彼等同時各由其一以入，爭端乃止。事之有無，可勿置論，但誌以爲談助，諒無傷於大雅也。〔四〕

八世紀之末（七八七年），唐書有述及西安府當時之大勢，據謂外人之居長安者，約四千家，其中有來自烏魯木齊安西喀什噶爾及其他西域諸國，且有自海外來者。此種外族，皆有妻子田舍，人非一地，來非一時，有以游歷而至者，有爲王子之扈從，又有國家之代表。朝廷對於此輩，皆有津貼，每年約費五十萬安士之銀。彼等既不能由故道返國，蓋盡爲吐蕃人所扼，陝西以西諸地盡屬吐蕃。——且不願由海道，則惟有求中國恩許其留居中國。既蒙恩許，則自併爲一軍，爲省餉之計，且以之擴充中國軍備也。

由阿剌伯材料來源，得知中國與阿剌伯交通甚爲自由。有 Abu Hassan Aly 者，人多呼爲馬蘇地，以回曆三世紀之末，生於八達城，彼謂來中國之陸路，極不寂寞。彼曾與一游歷家相遇，彼來中土數次，未嘗見海云。

西曆七五五年之亂，阿剌伯兵來援中國，約在三十年後，二國復通力合作，以抗吐蕃人。蓋當時吐蕃兵力甚盛，擾阿拔斯朝而東侵中國。惟甚難得當時發生事實之清楚正確紀載。唐書則謂二國聯盟始於七五七年，而南詔志則謂起於八〇一年云。倘此場戰事擴大範圍至數年之久，則二者之紀載固無相背也。

人所熟知之事，爲中國與訶論教主所派出之阿剌伯人與回紇印度諸邦及南詔王合拒吐蕃，中國處於北，首當大敵，同時失去布嚕剌，但不久乃在四川界內大破吐蕃。此段事跡，有裨於吾人故事者，則關於雲南，由此可求出唐代之正式紀載，同時可得關於雲南之回教的可靠資料也。欲求詳細，可參看 Dr. S. W. Busnell 之吐蕃史 (The Early History of Tibet)，乃根據唐書以立言者也。其詞有云：

雲南被圍於八〇一年之春，州人乘延決怒江之水以淹敵軍，因而攻之，敵師大敗，時撒馬爾罕 (Samarkand) 黑衣大食（阿拔斯）軍及吐蕃首領，望風而逃，拾獲盔甲凡二萬件。關於此地回教之敍述，此爲先聲也。馬哥孛羅有記 Saracon （阿剌伯人者）而 Rashid ud Dm 云：「大理府之居民皆回人也。」大理府在唐代爲羊苴咩城，南詔蒙氏之國都也。

中國與吐蕃之糾紛，不久停息，至西曆八二一年乃講和。和約之文刻於石，立於拉薩最大之一廟中，今仍存在云。

唐代回教之大事，甚少紀載，蓋唐代末年陷於紛爭地位，中國斯時，可謂極殆。至僖宗登位，（西曆八七四——八八九）大亂始平。有一阿剌伯游客名最地(Abu Zeid)者，有記黃巢之亂，謂在廣州之阿剌伯人，猶太人，及基督教人，約十二萬至二十萬竟盡遭浩劫云。

中外史家僉認此次亂事爲中國空前之浩劫，中國之記載則謂華人之死於亂事者約八兆人，流血千里，則猶未免言過其實矣。吾人由最地得知此亂事一起，而唐代中國與阿剌伯之交通結束。關於此時之野史傳說以及最地之言，行將述之。

宋史（西曆九六〇——一二八〇年）則有一長篇述阿剌伯通聘於中國凡二十次之多，亦有兼及於遼者。阿剌伯嘗遣使求婚於遼之公主。自是而後，大食之名不見於中國紀載，宛與阿拔斯教主及八達城之傾覆相終焉。

宋代中國與阿剌伯之交通，未能如唐代未亂以前之利便，商業既衰，而阿剌伯人又日形退化。M. de Thiersant 謂有一中國元代文人，曾姍笑回教，將「阿拉」（回人呼上帝之號）之音故意讀爲「呀嗳」以爲笑柄。M. Schefer 根據阿剌伯之材料作一書，敍述阿剌伯與中國之交通，其關於中國之一章，幾乎全引 Abu Kasim Said 之書也。Sauid 生於柯當彌 (Cordome) 地方，遠居中國之北，故熟悉華事云。

第二位阿剌伯作家 Samiaui，在其名著「族譜」(Kitad ni Inssab) 中舉有三個阿剌伯人，皆同居於中國。而 M. Schefer 之書，亦有援引。

成吉斯汗 (Genghis Khan) 之征討，大開東西交通之孔道，而一至元朝（西曆一二六〇——一三六八年），復懷柔遠客，令其入華殖民。一時回教徒如潮而至，種類繁雜——其中有阿剌伯人，波斯人，布喀剌人，及歸化之吐蕃人及回紇等皆來往自如，瀰漫全國，爲前此所未有云。此種客人與八世紀之阿剌伯及殖民混合而成一團體，卽今日所呼爲回回者也。

此次變遷之狀況，阿剌伯及中國紀載，皆有及之。安諾 (T. W. Arnold) 之言曰：『回教史中從未有恐怖及荒涼能與蒙古之征伐相埒者。成吉斯汗之師，如冰塊順流而下，橫掃回教文化之中心點，所遺留者乃一片荒漠，壞瓦頽垣，蒼涼景象，令人目不忍覩，前者金碧輝煌之區，蕩然無存。當蒙古軍出赫拉特城(Herat)後，才遺的四十人自藏匿之地方扒出，見銅駝而淚下——十萬人口，存者寥寥，思之酸鼻。布哈剌(Bokhara)中人皆以文章道德著稱，寺之神區，盡為馬廄，可蘭經則以作薦，居民之不肯為屠手以宰牲者，則盡為俘虜，大好佳城，化為灰燼。撒馬爾干、布哈剌及其他中亞細亞之名城，皆同其命運，凡回教文化之赫赫有名之區，聖跡及學術之地——卽數百年來之阿拔斯朝之名都的八達城，亦同遭劫運焉。

成吉斯汗雖為殺人不眨眼之魔君，而其屠殺亦非漫無別擇，蓋其盡赦有學問之人及藝術家之類以供其民及若子若孫之用，且俾之相，將，太醫，及天文師等職，而彼等盡回人也。元史一書，回人之有別傳者不一其人，其中如賽典赤(Sauid Adjal)者，乃布哈剌城人，而至聖之顯裔也，嘗為雲南行省平章政事。其子納速剌丁(Nasr-ud Din)，馬哥孛羅亦有稱之，曾因抗交趾支那及緬甸而著名。又有阿哈馬(Ahmed)者，稱為暴相，而馬哥孛羅亦有紀之云。阿老瓦丁(Alided Din)及亦思馬因(Ishmael)由波斯派往中國而製造軍用品之飛石車。此種軍用品嘗於西曆一三七一年一度用於襄陽府之圍云。

一二七〇年，有旨召用回教人於皇家軍。此勢力之推進，乃爲元帝忽必烈。時有波斯天文師名 Jamal ed Din 者，獻上七件波斯天文及儀器，又同時貢獻一新紀年法名曰「萬年曆」，照此類天文器，人謂提高兩極至三十六度，或以供山西平陽府之天文臺用也。

自成吉斯汗登位之後，阿剌伯作家對於中國事物之作品漸多而可信。有一著名阿剌伯作家名 Rachid-ud Din 者，他死於西曆一三一六年，作一書名「通紀」（Jami ut Tawarikh）所紀中國事跡甚爲詳細。又有一作者名 Anmed Sihab Eldin。他在開羅(Cairo)任事甚久，死於一三四三年，自謂彼書之成，乃聚無數阿剌伯人元代經商於中國的材料校對排比而成一佈告書。M. Schefer 之書，引之甚多云。

此外無可述者，惟有一事，乃明代（一三八五）所赦之廣州回教人，竟在一四六五年轉入澳門矣。當明洪武年用二大學者，佐以回教官以譯阿剌伯之科學典籍，藏於內府云。

布氏（Bretschneider）著中世紀研究 (Mediaeval Researches From Eastern Asiatic Sources)，

在地史學上負重名，其中之第二卷竟佔一百五十葉，以述明史及明一統志中所有之外國，吾人細考之，則在十五十六世紀間，阿剌伯使者來中國者（即中國人所謂貢使）不可勝數。但阿剌伯人當然視此遠征爲純粹商業性質，並不計及人呼之爲貢使也。試觀一五三二年禮部舉發謂貢使之來，密而且多，竟疑其別有作用，或爲敵探，亦未可知。乃使人伺之，仍許其貿易。但阿剌伯人所欲者貿易耳，他又何求。明一統志又詳敍阿剌伯麥加及麥地那。卡巴(Kaaba)之面積及形況，並有詳述。可蘭經及回俗之詳情，亦瞭如指掌。則知當時對於阿剌伯及回教之情形，中國多有知者。而兩國之交通，項背相望，明代多立回寺，此其因也。

吾人所引爲憾者，乃中國典籍對於阿剌伯之來華，略有引伸，而回教入華之情況及其成立之歷程，毫未顧及，則吾人繼起討論，似不容已。

下篇

吾人於未言中國關於回教神話之前，最好一述外國游客之中國游記，殊可補充正式材料之不及也。

今有一阿剌伯稿本名中印考察記 (Achbar ul Sin ual Hind) 爲最古而最趣。此書所述，乃二阿剌伯游客耳聞目覩之事實。迹其來華之年，實在西曆八五一年及八七八年，距今約二百五十年時，Eusebius Renaudot 嘗舉而譯之。

此書出世甚早，託體至高，片羽吉光，彌足珍重。惟卷帙繁多，不便備載。今獨抉擇其有關於吾人討論範圍之章句可也。此書之第二部名沙利夫之夏山氏談話錄 (The Discourse of Aba Zeid al Hasan of Siraf) 乃述其人與一阿剌伯名人早來中土而在陝西與皇帝有一面之雅者之談話，且述唐皇之綸音，並有關於舊約聖經中之聖賢，以及謨罕默德騎駱駝之像，雅有趣致。其於基督教之歷史及謨罕默德之軼事，頗有所知。書中敍談一段，甚爲重要，須全引之，俾讀者得窺全豹也。

『昔有一人名偉伯 (Ibn Wahab) 者，系出科賴士 (Koreish)，乃希巴 (Hebar) 之後裔，而亞述 (Al Asud) 之子也，居於巴士拉 (Busrah) 城。値城中亂事忽發，乃避地至沙梨(Siraf)則見一船將航往中國，遂動游興，乘船而至中土。有頃，彼好奇心盛，欲往一游皇帝殿焉。乃別廣府二月之後，達至北京（Cumdon），彼留居於皇庭者久，屢上封事，自承爲阿剌伯哲人之遠裔。久之，中國皇帝賜以一宅，供張美備。後皇帝乃詔廣府總督向一般阿剌伯商人中親查其是否爲阿剌伯哲人之親族。總督回奏，謂爲無訛。帝乃見之，賜以多珍。其人後復返伊剌克（Irak）焉。

吾人見之之時，則已老矣。望而知爲足智多謀之士。彼告人云，當陛見之時，皇帝殷殷然致問阿剌伯之事，且三致意於彼等何以克服波斯國也。偉伯答謂彼等每戰必捷者，實賴帝力，因波斯人所崇拜者，拜星拜日拜月而不拜其上帝，故敗。帝乃盛辭贊美之云。偉伯又曰：『帝復令象譯者問我識哲人否？曾親見之否？』我答之曰：『彼已侍上帝矣，我何從見之耶。』彼答曰：『我非欲問此，余特問其人之儀表耳。』我答曰：『彼極優秀。』帝命取一大箱至，張之，置於面前，命翻譯者曰：「示之以其天主。」余見箱中盡哲人之像也，乃默祝以崇之。帝並不知其故，乃命翻譯者叩余，何以頻動其脣也。余曰：「余正向諸哲人祈禱也。」彼復問我何以知此輩之諗。我復謂在歷史上得悉其行事，故知之耳。余指一幅謂之曰：「此人是亞克（Ark）之諾亞（Noah）也。當上帝大降洪水之時，他拯救無數隨身之人，其後又將所救得之人遍撒在地上。」我隨向諸亞及其羣從行禮。帝大笑，且曰：汝眞記着諸亞之名，但如此大水，吾未之前聞也。而此橫流大地之洪水，但竟不到印度及我國。」我復答之。且就各像，極力辨認，因之再對他說：「此是摩西(Moss)手持一杖，倘有以色列(Israel)之兒童。」彼亦以爲然。我又說：「此是騎驢之耶穌及其信徒。」帝云，耶穌見其道之行，纔三十箇月而去世矣。

箱中名人畫像，偉伯一一過目。而其所引爲異者，則每像之上，皆有大字，（疑爲中國字）或爲姓名籍貫及道派，亦未可知也。偉伯又云：『我見謨罕默德坐一駱駝上，其徒亦駕駱駝從之，足登阿剌伯式之履，腰纏皮帶。我看至此處，乃哭。帝使人問其故，我曰「此卽至聖，乃吾儕之天主，而我之舅也。」帝韙之，且謂其已克服大國，名垂史乘，第未知後人能否繼志耳。』

『後我又見數哲人，有伸其右手，屈其三指如舉手作誓者，有立在地上，以手指天者，其他恣態不一。翻譯者謂爲印度之哲人云。』

『帝復問我許多問題關於教主及其服裝，以及回教之觀念與法戒。我答之極爲盡力」

『帝謂：世界之壽命，汝知之乎？余謂此種意思，甚爲紛亂。有以爲自有世界以來約六千年者；有以爲不及者；有以爲更多者。但最少亦如我所說之久。帝與左右大笑。我繼續有言，帝大反對。又問：至聖如何教你等說？他所言與汝相合否？吾之記憶力不能及，乃強謂彼確與我相合。不料竟逢彼怒。吾觀其面，若有不豫色也。』

『帝命翻譯人傳旨，誡我謹愼出話，謂君無戲言。哲人之言，諒非如此，汝特別生枝節耳。既無劃一，吾誰適從。以後備聞責言，但今都不復記憶。』

『最後帝問：「汝何故別鄉背主遠來此地，以地與血統而言，皆強於此處者也。」余答言因巴士拉(Busrah)[五]城中大亂，故避地至沙利夫，見一船將航往中國，且久聞中國之繁華，好奇心盛，欲身歷其境，以擴眼界。余不久卽回故國，當宣傳中國之華麗及其土地之廣大，且宣皇上之恩意也。帝大悅，賜物甚多，命我管廣府驛馬，且下詔於廣府總督，厚待余身。且命其咨文各省，俾我離去之時，不致缺乏東道主也。故我周游各地，不患囊空，在中國一日，則一日不患無人招待也。』

『吾等數問偉伯陝西西安府都城之情形。他謂此城極大，人口甚多，城中以一極長極大之道路分爲二大部份。帝百官及貴族中人居於城中右方向東之一部分，而平民絕無法與之接近。凡運河所圍繞之地，傍種各樹，其中盡富貴家也。左方向西之一部份，乃平民及商賈所居，中有市場，日用之具，所取資焉。每日黎明，則見太監、總管、辦粮官及朝廷貴族之管家，或步行，或跨馬，往此部份而來，蓋此處爲公市及商賈所在地也。乃任意購物，至旭日上昇，始各回歸云。』

有一事能使讀者詫異者，則此故事描寫當時皇城之詳狀，竟有一二特點與今日大城相當者。Abu Zeid 並無一語提及回敎寺或回敎人口，惟吾人知有一翻譯者能說阿刺伯語耳。且彼並未說及與敎侶相見，或久住之後，與彼等同一參禮也。彼之不言，當然未獲根據，但亦可詫矣。

上舉對答之詞，頗有動人之力。今再舉關於唐代阿刺伯團體在中國之情形，以爲補充，亦同出一人之口。終唐之世，阿刺伯商之在中國者，頗蒙優待，因其有利於中國也。彼等旣受保障，許建屋舍寺觀於中國，居然稍享治外法權焉。讀者如熟知東印度公司時代廣州之商業情況者，則知一千年前實無大異於今日也。

吾人引為憾者，則二阿剌伯游客中之第一人，於西曆八五一年著成之游記稿本乃缺一頁，正開場說及中國者也。茲就所殘餘者讀之：

『廣府是商船所泊集的港口，亦為中國貨與阿剌伯貨所匯萃的地方。屋宇多以木竹建造，故常有火災之虞。商人及船舶，因買賣運貨之利便，與盜賊風浪之提防，往往有停留於此之必要。』

以下是商人蘇萊曼（Soliman）所報告：廣府乃商人之主要貿易場，中國皇帝特派回教徒一人，駐紮該處，凡各國回教商人前往該處經商者，如有訴訟，即由此人公判。每當節期，由他領導大衆，行禱告禮，宣誦聖訓，並為回教國王向阿拉（上帝）求福。阿剌伯商人對於其所判斷，絕對服從。蓋其行使職務，一秉至公，依可蘭經以斷獄，而按照謨罕默德之法律焉。

M. Renaudot既註釋此段，則謂他書無紀居中國之回教法官者，有之，則自此始矣。其人初或為商務代表，繼乃變為回人之法官耳，故宗教之職務，亦歸其管轄，此斷為熟習法律之人，市儈非其倫也。所謂福音(Khutbah)乃回教牧師(Iman)於禮拜五日祈禱中所宣之教文也。

尚有數頁，乃作者講貿易之情況。可知當日阿剌伯人在廣州所受之限制，無以異於吾等商人百年前者也。

『商人由海入華，中國人即查封其貨而運之入貨倉，俟商人到齊，乃得貿易，而商業被阻留者已六月之久矣。又復十取其三，或每件商品取百分之三十，而歸其餘於商人。倘皇帝欲得任何特殊之品，則官吏有權擅取，無人敢問，稍予徵值，便算公平。其所取者，大都爲樟腦，其所償之值，約照「每人五十佛儒茲」(Fifty fakuges per man)之例，每一佛儒茲值一千銅錢(Falus)。帝不取樟腦時，則其所售之值，多一半也。』

在未結束第一位阿剌伯游客記載之前，須引一段關於中國當時宗教之情況相反，亦趣事也。

『中國人之拜偶像，跪而祈禱其前……其意謂印度人教之如此也……我不知印度或中國有崇奉回教，或說阿剌伯語者也。』

此段可作當時中國人尚未有改教之強有力之鐵證也。

唐代（西曆六一八——九〇六年）末年大亂叉作，中國與阿刺伯貿易遂告結束。時僖宗（西曆八七四——八八九年）在位。西曆八七八年，第二位阿刺伯游客名 Abu Zeid 有書述之云。彼述戰事之起，繼及廣府（其時阿刺伯商人所聚之埠也）之被圍。『此事發生於回曆二六四年，即西曆八七八年也。當彼（黃巢）攻陷廣府時，將居民一一屠殺。有熟知華事者除中國人外，盡遭刼於此時。因商而來之回回教徒，猶太教徒，基督教徒共十二萬人，無能倖免。

『經此次焚刼之後，而華人對於貿易此地之商人，漸多不平之舉動，侵凌欺詐，爲前所無。多行不義，上帝所憎，神佑商人，言歸故里。』

第二位游歷家，其游記足表示中國之回教情況者，則爲 Wm. de Rubruquis。彼本爲 Minorite 僧，以一二五三年，與三兄弟及一僕，由君士坦丁堡來蒙古勢力下之遠城喀拉和林（Karakorun）。彼於此地，與蒙古王有一面之雅，據其所言，則謂其與他種人如景教徒、回教徒及邪教之人，皆能融洽云。

喀拉和林之京城有二條大街：一條爲回教徒所據，毗連宫廷，乃市場所聚而商人居留之處也；第二條大街爲中國人所住，商業及製造，興於斯焉。

Wm. de Rubruquis 初受一種嚴格的試驗，大都發自回教之官員，因蒙古王亦不守上帝之誡也。蒙古王亦不作排斥舉動，惟令基督教徒 Rubruquis 及回回教徒及邪教之人相辯於庭，而比較其教義。後此僧向邪教大加攻擊，同時助之張目者則有基督教徒，甚至回教人亦與焉。蒙古王卒信其言，立從其教，可知帝力無邊矣。據此，則知當時各教之盛行也。

驚人之游歷家馬哥孛羅，居華甚久，（西歷一二七五——一二九二）與忽必烈可汗相得。馬哥孛羅一次問忽必烈可汗何以對耶，回，猶太，邪教，相視並重者，回答云：「世界四哲人，爲人類所崇奉。基督教以耶穌爲天主，回人以謨罕默德，猶太教則以摩西，異教則以 Sogonurubar-kan。此四者余盡崇拜之，而冥冥中之眞理令余助之也。

元朝不少回教之官員，前已言之，其中有一人名阿哈馬(Achnatch)者，馬哥孛羅亦有言之，『在北京，忽必烈有顧問十二，對於國家大事，皆有權處理者。中有一回教徒，名阿哈馬，大得王之信任，王甚寵之，許以無限之特權。』

彼人威福自肆，壓迫人民，凡二十年，大亂猝起，彼乃自殺。其對於回人，則變更舊法，令婚姻皆依韃靼俗，屠殺牲口，應當胸而剖，不可斷其喉。種種行爲令人不堪，其七王皆登朝列。吾人由此書中得知韃靼、回人、基督教徒之異於中國人者，以其掛鬚也。

馬哥孛羅游記尚有無數關於回教之記載，今觕舉之。其言：『葉爾羌（Yarcan）乃一省，其長度則五日路程可盡。其人民奉回教，但亦有奉景教者。』至於喀什噶爾（Kashgar）及其他土耳其斯坦中心地方，皆有同樣之證明。『和闐爲省，其長度行八日乃盡，人民多奉回教云。』

東則有江西之江州。『其大部份人民皆拜偶像，但有信回教者，有信基督教者。』青海亦然。新寧則人口大半崇拜偶像，但亦有信回教景教者。他若陝西西安府、雲南大理府，其商人技士與混合之人口，包含有崇拜偶像者，景教、回人，惟以第一者爲最多。

馬哥孛羅離遠東三十年後，元代猶盛，有一著名阿剌伯游歷家名 Ibn Batuta 來中國，時適爲西曆一三二四——一三二五年。其游記已爲 Dr. S. Lee 譯出，今爲列舉之，不難得此時回教在中國之情況也。

他說：『中國人多爲不信基督教之人。彼等拜偶像而焚死者，如印度人一般。中國皇帝爲韃靼種，乃成吉斯汗之後裔，嘗蹂躪回教國土者也。中國各省中必有一鎮以供回人之用。彼等有小寺，學校，及寺觀，多爲中國皇帝所建造者。中國人多食狗肉豬肉，二者市有出售。……

『凡有回教商人入回人之鎮，（與華人雜處）則任其選擇，或與本地商人住，或住旅店亦得。』

彼繼續敍述彼如何見訪於一回教法官 Steik ul Islam，及一幫回教商人。彼又述及第二省：

『此省有某部，乃回人居住之鎮也。其中有一市，有一寺，又有一貧民窩。既有法官，又有教長。卽凡各省有回民鎮者，亦必有法官、教長以備商人之問事也。』

彼曾至京師 Fan sanfur 則記云：

『在此地吾遇一法官，乃回教及商人之牧師也，而城中之阿刺伯將軍及其下僚亦曾相識。余既進城，城有四牆。在第一第二之間，有皇帝之僕以看守其城，在第二與第三之間，則騎兵及城守在焉；在第三及第四之間者，皆回人也。於此，余遂與 Sheik Zahir ed Din 同居。在第四牆之內者，乃中國人，而此爲城中之最大部份也。』

至於西安府之城，彼復云：『此乃最大之城，余前所未睹也。當吾等抵城，則有回教之法官及巨商來迎。此地之回教人誠多。全城爲牆所圍，凡六城，每一城皆有一牆圍之。在第二部份者則爲猶太教徒，基督教徒，及奉祆教之土耳其人，總之此城回人甚多，中有與余盤旋半月之久者。』

由此觀之，可見當時回人之盛，自有城鎮，各有區分，且有首領以處理焉。

下文乃採自 Friar Oloric 者，彼在中國約與 Ibu Batuta 同時，其述及中國朝廷云：『在朝廷中，可謂極天下之奇觀矣。大小臣工，濟濟一庭，基督教徒，土耳其人，異教人皆排班進謁。』

二百五十年後，吾人又得見中國之京城於 Benedict Goes 故事之中，其旅行中國，在西曆一五九四年云。彼謂嘗有一回教商人居於 Kambalu 凡十三年，言此地之人半爲基督教徒，猶太人及回教徒亦居其半也。

尙有第二段標明，約在一六〇二——七年者。有云『陝西省有二城，其一乃總督及其他主要官員所居，他城爲 Socien（此名待考），亦有城守，分爲二部。其中之一，華人所居也。回敎徒呼之爲契丹人。他城之回人乃來自喀什噶爾 Cascar 及其他西方諸國，其目的在貿易者也。彼等多有妻子，無異於土人，亦永不回故土。其地位宛若澳門之葡萄牙人。所以異者，則葡萄牙人自有官府法律，而回人則受中國政府所管轄耳。彼等每夜皆閉於城中本區之牆內，凡事之待遇，皆一如本地人，唯官府之命是聽。其律留寓於此九年者，則不得回本國。』

總而言之，回敎起於唐，盛於元。由明入清，變更尤大。清代回民之變，原因複雜，牽涉多端，今未暇一一細論，容後以專篇述之。至於基督敎會中人作品關於回敎者亦甚寥寥，不足增加吾等之知識。其碩果僅存，獨一無二之作，則惟有 Du Halde 之書足以當之。今引其最重要之一段，以爲此篇之煞尾可乎？其書成於西曆一七三五年，云：

『回回敎門在六百年前已流行於中國各省。其人甚安靜，所以然者，則其人傳敎，不十分辛苦也。在昔彼等增加其人數，則獨以聯婚結盟政策，間亦有仗金錢之力以收買人丁者。凡各處兒童父母無力供給者，彼等往往買之。前次山東省之凶荒，彼等購兒成萬，爲之結婚，爲之購地以居。久而久之，積少成多，遂儼然爲一地之巨族，亦不虞其遁入異教也。數百年間進步之速，以此法耳。』

附註：

註〔一〕 據大英百科全書，Hira爲二世紀時所建阿剌伯王國之都，在伊剌克（Irak）之西界，當北緯三十二度，英東經四十四度二十分，約今內志東南四哩。國之領域，轄幼發拉的斯河下游及波斯灣西岸。繁盛者約四百年。自苦法（六三八年建，即貞觀十二年）繼興，始漸衰落。此地華人有譯爲夏臘者，有譯爲歐拉者，亦有譯爲亞俱羅者，發音不同，名實無異。

〔二〕 Kanfu 一名，本書作者根據玉爾（Colonel Yule）之說，以爲即浙江之澉浦。然澉浦在今海鹽縣之南，其地極小，在唐代必非中外貿易之良好位置，又安有十二萬之外國人叢集其間，而見屠於黃巢也。（此事另有詳紀）據近代歷史學家之考證，謂黃巢並未攻陷杭州，自無屠澉浦之事。平心而論，則以指廣府爲當。廣府爲廣州都督府之簡稱，蓋當時廣州有中都督府也。廣府爲唐宋時代之貿易港。新唐書稱「南海市舶利不貲。」希伯和云：「南海一道，始於廣州，九世紀時，大食人即於廣州登陸。」即此可證。日人桑原隲藏有廣府問題及其陷落年代一文，可以並看。

〔三〕原書作者謂據 De Thiersant, vol.1.p.153 之文，且指明引唐書西域傳者。原文本謂：『西方諸國來中土者以百計，至少有千里之遙，各帶經典以爲禮物，則於禁中設院譯之，至是萬教雲集，行於國中。』余按新舊唐書，初無此樣文字或語意。求眞起見，輒以西域傳實當之，譯者自負文責。

〔四〕唐書卷二百十七回鶻傳中有云：『乾元元年，回紇使者多彥阿波與黑衣大食酋閣之等俱朝，爭長，有司使異門並進。』（譯者補加）

〔五〕此處所指西曆七三二年之革命，毋乃大早。因偉伯之來中國，至與 Abu Zeid 相遇之時，已過百年，則偉伯必爲一絕老之人，於理不順。或者此次革命乃發於八一四年，當亞倫死後，敎主分裂之時。然則彼所遇之中國皇帝，當爲宣宗矣。

譯者徐濬——此文乃譯自 Marshall Broomhall 所著之「淸眞敎」（Islam in China）一書之第一二三章。全書精采，萃於是矣。關於中外交通，頗多參考材料，迻譯之勞，似不容已。抑我尙有言者，則本文及註，譯者略予刪節，間或加以補充，務必斟酌情文，折衷至當，原文具在，可覆按也。

回回教入中國考

Issac Mason 著

凡留心華事之人，或曾居中國者，大都熟悉回教徒之在此土，人數大有可觀矣。惟謨罕默德之遠東信徒之事蹟，則較少人知，至其教輸入中國之情況及時代，則尤復寡聞。故余將關於此事之研究結果，宣佈於衆，諒亦一趣事也。研究此事之同志實繁有徒，所得成績，亦復不少，篳路藍縷，先覺之勞。此篇之作，於他人努力求得已公佈之結果，並有援引，且誌謝意。然我特就材料來源，加以獨立之研究，初非因人成事，凡文書及石刻之譯文，均余手製，務祈於回教入華之時代及情況，作一可信之敍述，是余所厚望也。

中國回教徒現時人數之估計，方法不同，持說互異，其最低統計與最高統計之相差竟由四兆至三十兆之譜。主張較大數目者，言過其實，固無可疑。而阿倫氏（Comman dant d'Ol'one)之估計，則爲最低，不免離譜，未可盡信。經一度考慮所得各種數目後，既未得一可靠之人口調查，今爲之計，莫若以折衷辦法假定在華之回教徒人數約有八兆，散處於全國，惟以江西，雲南，四川及中國中部之河北，新疆及中國西北部之回回教境爲較盛。

關於回回教輸入中國之時代及狀況，學者持說，各異其詞。回教徒之傳說，殊有興趣，惟十口相承，羌無實際，可信者鮮。三百年前所著之中國回教書籍，可謂絕無。迄今考載史籍所存目錄，尚有三百五十目——其中我所搜集者已約有二百八十目——中多小本書，斷簡零篇，寥寥數葉，惟大板本之書仍不在少數。此類書籍中不少自高聲價，大言不慚，自認爲有歷史價値，且謂回回教之入中國已過一千三百年之久，惟終無確證以實其言，且缺乏當時文書的證據，足爲旁證，其言不順，猶不自屈，空引三五紀念碑爲回教早入之證明，其中援引之最赫赫者，厥爲西安府回教寺之一石碑，以碑中所著之時代，居然爲西曆七四二年也。其說確否，容後論之。

回教徒中亦自有兩則傳說。一說謂回教之輸入，實由西北陸道而入，他說則謂其實自海道入廣州。惟二傳說皆同引一人卽謨罕默德所遺派之先鋒以自重，則又彼此相同也。

廣州有一著名之回教寺曰懷聖寺者，（寺在今番塔街，俗稱光塔街）相傳謂初建於聖徒雪域加司（Sad wakkas）其人者；其傍有一古墓，人謂其卽此聖徒之歸眞處也。回

教之傳說，大都萃其全力於雪域加司之來華。其已成說而著人耳目，吾人必先論之

劉智（劉介廉）者，中國回教之著名作家也。其標準作品曰至聖實錄一書，告成於一千七百二十四年，未幾復出而問世。劉智之書，因紀年之錯誤，至斷定謨罕默德生於梁朝中大通丙寅年（西曆五四六或五四七），其實誕生於西曆五七〇年卽中國南朝陳宣帝太建二年也。則是劉智之核算，早過確數凡二十三或二十四年矣，關於此點，容後論列。關於回教徒初次入中國之事，劉智亦有紀載，其言云：

『當隋代開皇六年（西曆五八六），實爲謨罕默德聖人之第一歲，一怪星現於天空，隋文帝詔天官以測其意，則奏謂將有聖人出見西方，帝乃遣一欽使以究其事之確否。一年之後，欽使到麥加（Mecca），懇至聖從之往見皇帝，至聖不欲，重違其意，不得已乃遣雪域加司（其母舅也）及其三從者隨欽使以來中國。回教入華之始，實在隋朝開皇之第七年云。』

劉智又云『舊說謂至聖宗教初入於華，在唐代肅宗之際，（西曆七一三）乃一誤也。蓋他種紀載又謂唐貞觀（西歷六二八年）遣使往西方求可蘭經，並要求回教徒由

陸入中國，二說之異如此，故不載於此書。

上文所謂母舅者，或爲後人所加之註解，劉智之原稿未必有之，因在書中他處文明言雪域加司與謨罕默德，不過家族關係耳。

劉智書中又云：隋文帝嘗遣使求經，開皇七年，聖人乃遣其相雪域加司與數敎徒携可蘭經三十本應詔入華，遵海而南，以至廣州，首建懷聖寺以佈其敎，漸及於中國。劉智謂在某本書上已有證明，但隋唐官私諸史並未提及雪域加司之名，且未聞回敎於此時入中國者。劉智書中後有一段云：『唐武德四年，帝感一奇夢，乃遣數欽使而至聖人之邦，聖人乃命其徒雪域加司携可蘭經三十本，內分一百一十四章，六千六百六十六段，以呈皇帝，詔譯而遍布於天下云。』

關於雪域加司之傳說，在中回文之書籍，所見甚多。西來通譜一書，是其適例。此書余已有譯本行世，故不多述。質言之，乃謂回敎入東土之始，爲貞觀二年（西曆六二八）。其時皇帝感一異夢，遣一使臣往麥加接謨罕默德以來中國。謨罕默德不欲往，祇遣三使者以自代，令傳敎於中土，二使者死於途中，惟第三者曰雪域加司者無恙。故能與帝相見而談，不煩象譯，蓋其得聖之力，能通中土言語，其法提一撮土而嗅之云。此篇傳說又謂皇帝欲以三千親兵以換三千回教徒。結果，八百回人選入中國以助雪域加司宣教，且與中華女子結婚云。

吾人須注意者，此段紀載與上述劉智之書兩方主張之時代相差凡四十年，一則謂由海而入，一則謂由陸而入，其不同有如此者。至謂雪域加司爲聖使，則雙方無異詞也。

今爲行文有趣起見，別引一種回教文書名曰初哲實錄（A. Record of the History of the early Sage and Sahabi）者，其言曰：

『初哲人域加司奉聖命來華，臨行，求准其回西三次。第一次，彼往取各種經典往授中國教侶，第二次彼往取一可蘭經令其徒習誦，彼又求至聖指示其將來之死所。謨罕默德命其盡量携帶可蘭經，後當遣人送往。謨罕默德說：『汝之死地，可以箭頭表示之。』乃以手向東而指，令一人持弓引滿而發，有頃而矢已渺。至聖乃對域加司曰：『今以我之法力，矢所著之地點，即汝之死所也，快回中國，至則自知。』』

域加司上船後，一帆風順，已至廣州，僅一瞬耳。登陸後乃發見此矢號插北門之外，榴花橋之南邊，就其地築牆圍之如基地一般，復邀恩建一紀念寺。皇帝允之，另賜田地爲寺產，寺名懷聖寺，所以紀念至聖也。寺內復築有一尖塔，凡一百六十尺高，儀狀非常，塔內復有一盤旋式之梯，而域加司早晚登尖塔之頂，呼人民來寺禮拜云。

第三次域加司回阿剌伯，蓋感一夢，見一巨人謂之曰：『至聖不久去世；倘汝早西歸，則猶可及見也，遲則晚矣。』域加司醒後大憂，翌日，彼乃向麥地那（Medina）出發，至則至聖逝矣。謨罕默德死於貞觀二十年（西曆六四七），年六十三云。〔一〕

域加司由其門人得知至聖遺命，令其回中國傳道，復授其全部可蘭經凡六千六百六十六段，分爲一百一十四章，共三十本。域加司攜此書回華，傳之其人，永遠保留。

域加司在廣州死後不久，其信徒葬之於園牆之內，築一石亭，以磚圍之，中設一祭壇，戶外大書云：初來哲人之古墓。凡此種種，皆域加司之野史也。

在研究範圍之下，此類有趣的紀載可視爲僞說，且卽剖白於下。

由陸而入之故事，他本中文回教書籍，亦有紀載，書名回回原來。此書之版本甚爲複雜，文字之煩簡亦各有不同。地維雅氏（M. Deveria）有一本，其出版時代在一七一二年，而偉力氏(Wylie)尚有一本，一七五四年出版者。此本時代較近。此書相傳爲清代康熙皇帝（西曆一六六二—一七二二）賜其回教將士者。Broomhall 之中國回教志(Islam in China)一書中，有一部份是其譯文。此種顯然爲回教宣傳品，虛構唐皇帝與回人談話之言以自重，而爲輸入回教旨之法輪，其於歷史之價值甚少，視爲僞說可也。書中所說，意亦猶人，全以中國皇帝爲主動者，蓋謂遣人往阿剌伯求聖人，有三聖使應徵，歷修阻之路程而至，二人中途而死，惟名雪域加司者安然抵步。陛見之日，譯使居間，皇帝問話之際，雪域加司即詳說其可蘭經，謂全部有六千六百六十六節云。中國之四書五經，猶未足比其量數之半也。但查其陛見之日（西曆六二八），可蘭經猶未完成，及今完成之書，並不及四書五經冊數之多也。紀載又云，陛見之日，對於回回之名，亦加討論。但此名詞當時殊不見於中史，數世紀後乃始有之。此種時代之謬誤，顯見其爲僞說也。

關於雪域加司之傳說，多如牛毛，不欲繁徵博引以玩時日，吾人惟有斷定回教來中國之開山祖爲何如人耳。中國文字所用其名，各有不同，但有充分相似之處，故可信各書所述者俱爲一人。在各種野史中皆稱之爲"Sahabi"其意即謂其受道於至聖而有耳提面命之誼者。謨罕默德之母舅本名阿標域加司(Abu Wakkas)，惟謂其曾離阿剌伯，又無紀載之明文。乃其子雪耳標域加司(Sad ibu Wakkas)亦有呼爲Sa'd ibn Malik ibn Wahbaz-Zuhri者，但爲擁護回教之第七人，且曾隨謨罕默德轉戰各地。彼沒於亞卻(aliq)時當西曆六七五年，享壽七十九，葬於麥加。其一生足跡，未涉中國，故野史中所謂聖使非其人也。

謹按原文所引回教漢文之書，如劉智之至聖實錄及西來通譜等，譯者全未寓目，故但能就其原文，細心譯出，期不失本旨，此讀書未博之咎，甚慙於讀者也。

今又論及傳說中所載回教入中國之時代矣。其中多數主張始於開皇七年(西曆五八七年)。殊不知謨罕默德生於西曆五七六年。在傳說所稱之時代，僅一少年耳。謨罕默德受其第一次天啓之時，年方四十。而其自麥加逃走之際，適在西曆六二二年也。謂其於西曆五八七年遣聖使來華傳教，揆諸情理，殊不足信。

陝西西安府回教禮拜寺之碑，實爲各種野史謬誤之總源，是皆由於曆算之錯誤，當取證時，容再論之。有一事差堪注意者，則古今來許多作家，有囿於隋唐之年號，此絕對謬誤者也。不知回教紀元未興，而隋代之局已完，而可蘭經來華之年，則早過謨罕默德所受一次天啓（Revelation）凡五年。有此理乎？可蘭經之完成，相差尤遠。史家不察，致所定時代，殊不正確，其他紀載，錯誤攸同矣。

雪域加司在偖早時期來華之事，在任何中史及亞剌伯紀載，絕無參考，所有者惟日後回教著作耳。吾人於此，不能不視其全部故事為不可盡信，此種野史為大雅所不道，如 M. Devecria E. H. Yorker, A. Wylic, J.Dyer Ball, 及 Marshall Broomhall 攉之尤力。Broomhall 之言曰『回教傳說的趨勢，不過欲求若干人物與回教有關係者為增光計耳，其爲述中國皇帝感夢一事，同為一理，殊不足令研究中國回教者承認謨罕默德之母舅的平生不經之說。』

關於中國回教之紀念碑，在本文範圍中所須述者，厥為陝西西安府禮拜寺之碑，相傳為最古，而關於回教早入中國之說，流傳野史，深入人心。此碑與有責焉。此碑所題樹立之時代，為西曆七四二年，視著名之景教碑為較古。茲譯其文如下：

創建清眞寺碑

賜進士及第戶部員外郎兼侍御史王鉷撰

竊聞俟百世而不惑者道也，曠百世而相感者心也；惟聖人心一而道同，斯百世相感而不惑。是故四海之內，皆有聖人出。所謂聖人者，此心此道同也。西域聖人謨罕默德，生孔子之後，居天方之國，其去中國聖人之世地，不知其幾也。譯語矛盾，而道合符節者，何也？其心一，其道同也。昔有人言：『十聖一心，萬古一理』，信矣。但世遠人亡，經書猶存，得於傳聞者而知聖人生而神靈，知天地化生之理，通幽明生死之說，如沐浴以潔身，寡慾以養心，如齋戒以忍性，如去惡遷善而爲修己之要，如至誠不欺爲感人之本。婚姻則爲之相助，死喪則爲之相送，以至大而綱常倫理，小而起居飲食之類，罔不有道，罔不立教，罔不畏天地。節目雖繁，約之以會其全，大率以化萬物之天爲主，事天之道，可以一言而盡，不越乎吾心之敬而已矣。殆與堯之欽若昊天，湯之聖敬日躋，文之昭事上帝，孔之獲罪於天無所禱，此其相同大略也。所謂百世相感而不惑者足徵矣。聖道雖同，但行於西域，而中國未聞焉。及隋開皇中（西曆五八一—六〇一年），其教遂入於中華，流衍散漫於天下。至於我朝天寶，陛下因西域聖人之道有同於中國聖人之道，而立教本於正。遂命工部督工官羅天爵董理匠役，創建其寺，以處其衆。而主其教者，擺都而的也。其人頗通經書，蓋將統領羣衆，奉承聖教，隨時禮拜，以敬天而祝延聖壽之有地矣。是工起於元年三月（西曆七四二年），成於本年八月二十日。的等恐其世遠遺忘，無所考證，遂立碑爲記，以載其事焉。時天寶元年歲次壬午仲秋吉日立（西曆七四二年）　關中萬年縣石公刻

碑之刻文，謂回教在隋朝入華，先於西曆六〇一年而在西域行之已久，此說絕不可通。吾人已知謨罕默德接受第一次天啓於西曆六一〇年，而碑刻之年已屬西曆七二四年，仍其所用之名詞，猶未見於時代稍後之史者。例如用天方之名以代阿剌伯，在西曆一二五八年前之史籍全不曉用，唐代所用之名詞爲大食耳。西安府當時實稱爲長安，而石碑卽刻有萬年縣之名，此名也，按皮利發氏之中國的城鎭一書（Play-fair's Cities and Towns of China.）乃屬於後周（西曆九五一—九六〇年）者。證據具在，鐵案難移，其中云云，實不可信。此碑久已視爲僞造。回教自隋代來華，確爲

不可能之事，最易令人誤會者也。假使謂在該年中有人建寺或修寺於西安府，或前者回教中人到之屢矣，則猶能引人入信。無奈曾有阿剌伯之游客在西曆八七八年來華，距立碑之歲一百三十年矣，曾未言及有寺或碑，亦未有云教侶會集此地也。

謹案此碑之僞，吾國人有言之較爲透闢而足與此說相補充者，新會陳垣先生是也。茲錄其回回教入中國史略中一段於下，以備參看。

回教有著名之碑，在陝西西安禮拜寺。是碑題唐天寶年戶部員外郞兼侍御史王鉷撰。天寶元年爲西曆七四二年，較建中二年（西七八〇）所立之景教碑尚早四十年。此碑若眞，其價值可想。然其碑文語氣，純是宋明以後語，與唐人語絕不類，其書法亦非宋明以前書法；且譯摩訶末爲謨罕默德，尤爲元末明初人譯音，以此知此碑爲明時所造。然唐時著名人物極多，何以碑用王鉷名字。王鉷名字並不好，大唐詔令集有賜王鉷自盡詔；若謂名人作僞，何必託之王鉷。且舊唐書王鉷傳，天寶元年，鉷正爲戶部員外郞兼御史，其前後一二年則不是此官，可見年代官職並不錯誤。吾因此事，蓄疑有年，後在全唐文發見王鉷有上玄宗捨宅爲觀表，言宅在城南安化門內，竊疑此碑或即王鉷捨宅爲觀時所建，後此觀入於回教人之手，乃就原碑磨改爲回教寺碑，而仍用天寶元年戶部員外郎兼御史王鉷銜名入石也。（東方雜志第二十五卷一號）

此碑爲僞，無待再言。今考其作僞之徒如何造成時代之錯誤，竟謂回教於西歷六〇一年以前入中國，是誠一有趣之問題也。

布郎荷路氏 (Marshall Broomhall) 在中國之回教 (Islam in China) 一書中，謂此種錯誤，實因中回日曆核算之不同：

『中國曆法乃採用太陰及太陽曆，每二年或三年，則有一閏月。此種同樣的排算法，在謨罕默德之前已風行二百年。惟不知謨罕默德竟因何故，完全禁止置閏，而單簡之太陰月（陰曆之一個月即二九・八日）再輸入阿剌伯。今日之回曆，乃交替的而有二十九或三十日之十二個月。太陰月每隔二年或三年，則加一日於十二個月中，每三十年則成七閏日。故在阿剌伯之太陰年及中國之太陰太陽年幾有七日之差異，質言之，即一世紀相差三年矣。』

地維雅氏(M. Deveria)之意，以爲在某時代或在西曆一三五一年，廣州之清眞寺重修。中國回教徒變其阿剌伯之年代學入中華之年代學，而又懵然於太陰年及太陽年二種制度之異點，祇由回教紀元年起，反推阿剌伯年數以爲若干華年，彼等自以爲是而不知其已倒塡二十三或二十四年矣。

此種建議，巧不可階。問題之解決自有線索矣。我仍不深信該寺之重修，卽爲年代學援回入華之時。我求一較爲確實的理由，則見載籍中有謂洪武二年(西曆三六九)有一回教總天文師與其同侶，奉詔訂正華曆，而在當時彼等顯然企圖聯合中回二曆。西曆一三六九年適爲回曆七七〇年，反推阿剌伯之年數，而不計及太陰年太陽年不同之處。又如回教紀元本在西曆六二二，乃因誤算，故在西曆五九九年，相差二十三年矣。合用太陰曆每一世紀，加多三年，則紀年之法，或無誤矣。由此觀之，此種不健全之算法，實成於西曆一三六九年中，可無置疑。

差之毫釐，謬以千里。西曆五九九年，公定爲回教紀元之年，而回教史家及作家竟承認之而不覺其謬。劉智祇在回教紀元反推，故數至五四六年或五四七年，卽以爲謨罕默德出生之歲，適當中國之梁朝，其實乃在五七〇年，當中國之隋朝耳。謨罕默德之死，則謂在六〇八年或六〇九年，不知此年猶遠在其移往麥地那（Medina）及捲土重來之前也。

須顧及者，中國核年之甲子法不盡合於西方之月法。一特殊的周甲的性質，可盡括兩個西曆年之全部。故凡一特殊大事而紀以固定的西曆年者，亦不能出於甲子法之範圍。

今又轉論西安府之碑文，余卒斷定此碑刻於西曆一三六九年之後，因其時方有援回入華的曆法。寺成立遠早，亦未可知，而紀載則謂重修於西曆一一二七年，後復時有修理云云。有一次，則在明洪武朝（西曆一三六八——一三八八）最後修寺之時，乃立此碑，殆可信也。

吾人今可置一般傳說及僞碑不談，而根據正史立論。中國與阿剌伯之通商，爲期極早，在耶穌紀元間。航海而來的游客，必到廣府（即廣州）可信回教紀元之後，回教遍行於阿剌伯，來華貿易之商人，類皆皈依回教者，所到之處，志在佈教。特中國回教徒昌言其教之來，始於西曆五八六年，殊不足取。就令以二十四年之謬算爲眞而在西曆六一〇年，猶不應若是其早也。

回教之初入中國，實自唐代（西曆六一八—九〇六。）新唐書二百二十一卷初以大食之名以代回教的阿剌伯。順載及波斯王司打結（Yezdergird）爲回人殺害於西曆六五二年。其子拂（Firuz）逃往中國之西北疆，由此地派一使者徑中朝求援。唐高宗登位之歲，正西曆六五〇年也。高宗辭以道路遙遠，不便出兵往波斯，但遣使者往責回人，回教主阿斯曼（Othman）遣一使出以禮物來謝，於西曆六五一年抵步。未述彼由何道而來，但知其由麥地那出發耳。由海程則較速，或竟由海，亦未可知。

唐書簡述如下：

『永徽二年（西曆六五一年），大食王噉密莫末膩（Amir-al-mumemin Prince of the Believers）始遣使者朝貢，自言王大食氏有國三十四年，傳二世。』

唐書卽繼述第二次遣使之情形，已隔六十年矣。

『開元初，復遣使獻馬，鈿帶。謁見不拜，有司將劾之。中書令張說謂殊俗慕義，不可寘於罪。玄宗赦之。使者又來辭曰：國人止拜天，見王無拜也。有司切責，乃拜。十四年（西曆七二六）遣使蘇黎滿(Soleiman)獻方物拜果毅賜緋袍帶」

其他朝貢之事，史不絕書，然無一語及於回教輸入而成一宗教者。

不久而中國有一大亂發生，其禍首乃一韃靼種人名安祿山者。彼居於大位而爲玄宗所寵，至是乃叛。皇帝遷於蜀都，反賊得有二京，卽西安府及河南府。太子稱帝於靈武（在甯夏），是爲肅宗，得回紇之助以驅除叛逆。由是中國以西之地，客軍雲集，中有回紇，吐蕃，南蠻及大食，皆相助平亂者也。

大食一名，乃當時用以表示波斯之回教人或阿剌伯種者。應肅宗之召而來助者，其中有若干回教人，則書無明文，不得而知。惟回紇及他種由西而來者人數過四千云。夫自八達城或阿剌伯遣一軍歷長途而來中國，無乃不類。彼等或爲西北疆之駐防兵，亦未可定也。有謂彼等不歸，留於中土，娶妻生子，遂成今日中國回人之細胞核。抑此種人口之滲入，發生不止一次，久之遂成中國西部之大數回教人口云。

唐書大部份乃根據時人之實錄而修改於十七世紀者也。西安府之寺碑旣稱立於西曆七四二年，而寺亦建於當時之京都，史官叢聚之地，仍不聞提及此碑，又不聞彼等說明回教徒之來在西曆六〇一年以前，如碑所云云者。碑中用天方之名以代阿剌伯，而史不載；大食乃唐代習用之名，又不見於石碑。經種種之考慮，斷案愈覺充分有力，此碑之立於十七世紀之後，夫復奚疑。

繁徵博引各種朝貢及歸化之事，非所宜也。今欲未離唐書之前，譯其中一段關於回教之事，標題曰大食傳者，兹錄如下：

『大食本波斯地，男子鼻高黑而髯。女子白晳，出輒鄣面。日五拜天神，銀帶佩銀刀，不飲酒舉樂。有禮堂容數百人，率七日，王高坐爲下說曰：『死敵者生天上，殺敵受福。』故族勇於鬥。土磽礫，不可耕，獵而食肉。……隋大業中，有波斯國人牧於紛摩地那山。有獸言曰：山西三穴有利兵，黑石而白文，得之者王。走視如言。石文言當反，乃詭衆裒亡命於恆曷水，刼商旅，保西鄙自王，移黑石寶之。國人往討之，皆大敗還，於是遂強。滅波斯，破拂菻，始有粟麥倉庾，南侵婆羅門並諸國。……』

由上可見，文中事實與杜撰混爲一談，上述時代約爲謨罕默德始受天啓於麥加之海那山（Mount Hira-at Mecca），並非麥地那山也。求劍之舉，或因謨罕默德祖父再次發見

三三井 (Zem Zem Well) 中有甲胄及他物之舊傳說，附會而成。文中所述之黑石，非謨罕默德所發見；實此石初建於加府 (Kaaba) 歷有多年，謨罕默德接受天啓之前再建之耳，並無此種白字在上如昔所云云者，又未有指明十二年辛苦經營之事目，其於西曆六二二年出奔及發軔於麥地那，種種大事，乃無一語及之。謨罕默德之死，書無明文，四出征伐之日，乃後人之事耳。

唐書修於十一世紀，史家實甚少知阿剌伯及謨罕默德主義者也。吾人試反求諸耳聞目見之紀錄可乎？一千年前，有二阿剌伯游客曾到中國，皆有阿剌伯文之遊記傳世。現有英文譯本，甚易得也。（英譯本出版日期在一七三三年）其一來華，正在西歷八五一年，其名不顯，其書已缺一頁正開場說及華事者也。書中有論及廣府（廣州）者，其言曰：

『廣府乃商船所泊集之港口，亦為中國貨與阿剌伯貨所匯萃之地方……以下為蘇萊曼商人所佈告：廣府乃商人之主要貿易場，中國皇帝特派回教徒一人，駐紮該處，凡各國回教商人前往該處經商者，如有訴訟，即由此人公判，每當節期，由他領導大衆行禱告禮，宣誦聖訓，並為回教國王向阿拉求福。阿剌伯商人對於其所判斷，絕對服從。蓋其行使職務，一秉至公，依可蘭經以斷獄，而按照謨罕默德之法律焉。』

今舉一段，尤裨於我們現在之研究：

『我未見此地有崇拜謨罕默德之人，或能說阿剌伯語者。』

容知二百年後回教之書正式承認於中國，而許其傳敎矣。各地之華人或有改敎，亦未可定，惟在廣府之大埠，回敎人口若是其多，而此游客竟謂未能遇見一人，惟有外族之回敎人耳。

謹案：此篇游記之作者曰蘇萊曼（Sulayman），乃阿剌伯商人，以公元八五一年（唐宣宗大中五年）東游印度中國等地，作游記一卷。近人劉復據法文本譯出，標題曰蘇萊曼東游記，登載於語絲第一百三十四期云。

回敎之第二游客名 Abu zeid al Hafar, (of Siraf) 於西曆八七八年到中國，其游記述公元八七七年廣府發生之大亂，全城爲亂黨所圍。有云：

『黃巢攻陷廣府時，將居民一一屠殺。有熟於華事者，謂除中國人外，盡遭殺於此時因商而來之回回教徒，猶太教徒，基督教徒共十二萬人，無能倖免。』

此書作者繼述一偉大之故事，關於一阿剌伯人久居中國在西安府與皇帝曾一度見面者。今由此故事提出一段，以資考證：

『昔有一人名偉伯 (Ibu Wahab) 者，科賴士 (Koreish) 種人也。世居士那城 (Busra)，當全城被掠之時，乃避往西利夫 (Siraf) 則見一船將航往中國矣。他忽然心動，欲搭此船，由此而達到中國之廣府。久之又動好奇心，欲游皇帝殿，乃去廣府而到西安府，行程經二月之久。後留於京內有頃，數上書，自承為阿剌伯聖人之族。候了許久，皇帝卒賜一宅以居之，供給周備。皇帝復下詔廣府知府，令其親查該人之履歷。知府答復，此人一無虛偽。皇帝乃面見之，待之極優云。』

『此人我們嘗見之，年紀甚長，智慮包身。且告吾人謂陛見之時，皇帝問以阿剌伯之情況，尤注意於彼等滅波斯之事云。』

偉伯答謂彼等藉上帝之助，始乃得此。且因波斯人乃拜邪神者，拜斗星日及月而不拜眞上帝。

此故事又述皇帝以若干圖說授客參觀。偉伯認知爲基督教之舊約書及回教長老之像。隨後皇帝又聞謨罕默德及其數不已。此游客 Abu Zeid 繼續說云：(3)

『我們又問偉伯許多問題關於皇城者。他謂此城極大，人口甚多，而因一極長極大之道路分爲二大部份。皇帝百官及貴族中人居於城中右方向東之一部份，而平民絕無法與之接近，凡運河所圍繞之地，傍多種樹，其中盡富貴家也。左方向西之一部份，乃平民及商賈所居，中有市場，日用之具所取資焉。』

吾人所見以西人目光觀察中國京都的紀載，諒以此爲最早。因吾人今日之研究，遍翻紀載，總未見偉伯提及寺觀或回教人口之在西安府也。獨有一舌人能說阿剌伯語，惟彼或由廣府隨偉伯而來耶，抑早在西安府也？書中又說不甚清楚。西安府禮拜寺之碑，居然謂立於西曆七四二年，即視偉伯之來實早一百三十六年矣。——而彼並未說及與教侶相見，或久住之頃與彼等一同參禮也。雖或有若干回教人早於偉伯之來二百年到西安府，姑可視爲成立，若然，則當時必有安居於此地者矣，乃仍無一語提及之者，良可怪也。

我嘗謂偉伯與廣州之古墓，或有多少關係。雪域加司之神話，至第六世紀已爲人棄而不用，惟古墓仍有提及之者。偉伯在昔日諒為最著名之回教徒。阿剌伯游客 Abu zeid 曾見之於廣府，則不能謂其與廣州如風馬牛不相及也。卽謂其死於此地，亦大有理由。回教野史用雪域加司之名，以為彼與謨罕默德有親戚關係者也。今考阿剌伯之紀載，則謂雪域加司乃亞標域加司之子，(Sa'd ibn (son of) Abu Wakkas) 乃亦呼為 Sa'd ibn Malik ibn Wahb。最初來華者，另為一人名偉伯 (Ibn Wahab) 乃 Heber 之遺裔而 Al Asud 之子也。彼乃 Koreish 種，且與謨罕默德有親戚關係，彼乘船而來，如人謂域加司之所為者，而亦在西安府見皇帝，皇帝厚遇之，彼返回 Irak 後又再回中國。於西曆八七八年阿剌伯游客 Abu Zeid al Hafan 相見之時，彼已為一年高望重之人。世人不察，竟以時代稍後的偉伯之事跡以沿飾雪域加司之神話，張冠李戴，令人失笑。回教之人來華，如偉伯者非無其人，但確無與至聖有親戚關係，亦無有如此之年高望重也。故廣州之哲人古墓，乃偉伯藏身之所，彼之死將及九世紀，就令如此，亦過千年以外矣，其神聖亦足照史乘而享香火。世有解人，當韙斯語。

●偉伯及阿剌伯游客及其他古籍，都無提及雪域加司之事者，根據先至為主之理，不應湮沒無聞於九世紀也。由是言之，種種野史實爲偉伯而設，彼足爲歷史上之人物，故其一死則寓言野史，集於其身。偉伯之名之盛，且與至聖有親戚之關係，竟令日後之回教徒誤以此九世紀之游客爲與謨罕默德同時之人，當至聖生時，足履華地也。

今可將研究之結果作一提要：吾人因最早而有力的紀載，斷定回教人第一次正式通中國，實在西歷六五一年，當阿斯曼教主(Caliph Othman)之第一次通聘中國。但未載明使者之來中國由海或陸也。乃海道旣久爲商人所利用，則阿剌伯商人，其中必有回教徒者，大可帶其教入廣州或其他沿海口岸，使者亦必在同一時候附船而來，惟宣傳教務，又非其任也。

回教徒征伐之進展於中亞細亞，遂由陸地達中國之邊疆，自不難深入內地，謂其大幫人數由陸而入，亦非無因。相傳有若干回教的西地司族(Zaides)逃出回教之Omeyyeds或入於中國，約在八世紀中葉，回教軍人分隊而來，遂家於中國，蟬聯不絕，其數量必不少也。

回教入中國有二途，其性質及目的皆絕相異者；陸道但能輸入回教於西部，殖民之力實爲有限；海道則能布散殖民於各地或近海之區，不久而遍入內地。尙有藉旅行而滲入者，爲時既久，所積遂多，故中國回教人口卒能成其廣大。

回教徒在中國西部之優勢，必與元朝之興有關無疑。忽必烈（一二六〇—一二九四）卽位，大用波斯人，其中儘多回人，今考漢回文中所載之波斯字，顯見其取道土耳其，由陸路輸入。回人仕於元朝任大官者，則有阿瑪（Saiyiddi Adjall' Omar），卽謨罕默德之後裔，卽中國回教徒所稱之揚州路總管，忽必烈拜其爲雲南總督，由西曆一二七三年任事至一二七九年止。其子 Nasir-al-Diro 則較爲著名。我可確信此二人負責移殖回教徒入中國之回部也。

回教徒生聚日多，則寺觀必不可少。其初容身之地極爲簡陋，不足掛人眼角，故當代正史不屑紀之，回教傳說所載回教之輸入及初建寺觀之正確時代，又游談無根，全不可恃。吾人由阿剌伯人遊記，得知九世紀之中葉有回教禮拜之地，執行職務，皆在於此。今看克雅博士（Dr. Kerr）之廣州指南一書，則廣州之光塔約建於西曆九百年，當在偉伯死後，同時立塚以崇之也。

由是觀之，凡事之不根正典以立言者，必有類昡人所爲，難免無稽之誚。世人不察，以回教入華之種種傳說，認爲事實，而津津樂道之，踵謬沿譌，甚無謂也，此篇之作，意在斯乎！

原文見 Asiatic Review 一九三三年十月號

〔註一〕謨罕默德死於西曆六三二年。上述之回教作家所定者，乃比實際壙遲的日子，而劉智所定者，乃倒壙的日子。

附註　謨罕默德由麥加逃走，回教國即以此年爲其紀元。

古代羅馬與中國印度陸路通商考

M. P. Charlesworth 著

羅馬帝國自奧古斯都(Augustus)極力建設之後，朝綱日振，國家太平，朝野殷富，人民乃均留意於物質之享奉，恣為侈汰，理所當然。而奇珍異寶，自遠而至，環顧近地，無有應其求者，則惟有乞諸東方，因東方諸國最饒絲料、香料、膠類及珍珠寶石，皆足以供之也。此種商品，由陸由海，皆可運到，由巴克特里亞 (Bactria) 及帕提亞 (Parthia)，或橫過印度洋而溯紅海，而達敍利亞範圍之中心地點，安提亞 (Antioch)、大馬色 (Damascus)、塔德摩、庇特拉(Petra)等地。由紅海口岸駛入之路，羅馬人實操縱之，因欲削減帕提亞人之商務，以故別出一路，不經帕提亞人之領土，由高加索(Caucasus)而橫過紅海，向北而行。惟在第一世紀，則美索不達米亞 (Mesopotamia) 一處，實為通道，殆無可疑。

東行之人，由小亞細亞海岸而達北部敍利亞市場者，則托魯斯(Taurus)及阿美那斯(Amanus) 二大山系為一大障礙物。前者有西里西亞隘(Cilician Gates) 道橫跨之，而後者又有三地可以制，向北而入則離西里西亞岸，向東轉上匹剌馬斯 (Pyramus) 之支川入於西利亞文拉（Pylae Amani 今稱 Bogtche，有鐵路可通，）然後一直橫過蘇馬（Zeugma）之幼發拉底河，而下哈利本（Chalybon）之平原。第二路則由岸道直達麥密杜斯（Myriandros）復由此而轉入西拉沙利耳（Pylae Syriae）交錯之山，而入於大陸。第三路則沿至塞流細亞（Seleucia）之海岸，然後由奧倫梯（Orontes）流域而達於安提阿。三路會合，有一通用之會集地點，爲凡行由美索不達米亞直下波斯灣之旅客而設者，則爲蘇馬，以幼發拉底河之十字路著稱；由此遵河岸之左，則入於塞流細亞及忒息豐（Ctesiphon），雖然有時由中敍利亞鎮及大馬色而來之騎隊旅客，則情願向右渡過塔德摩沙漠，然後傍雪莎利呑（Circesium）附近之河而入於帕提亞市鎮及商埠焉。此種旅客盡爲商人，出沒於平沙萬里之中，以逐什一之利，他勿具論，而耐勞之性，已足令人起敬也。有時行程，全採陸路，如波斯灣上佐蝦（Gerrha）之人所爲者，彼等橫過阿剌伯沙漠，運東方之香木、膠質及香料之類入庇特拉。因貿易東方貨物，獲利甚厚，一般道德家及憂世者，對於此最大浪費之奢侈品，未嘗不蒿目痛心，見人之穿絲服者則痛罵之；惟追求此物者，仍前赴後繼，有加靡已也。貴族婦人如寶蓮娜（Lollia Paulina），每遇宴會，則隨身珠寶，價値巨億。尼祿（Nero）旣擢殘波比亞（Pappaea）至死，爲位哭之，當其行火葬之禮，所用香料之多，雖阿剌伯一年之出產猶不足以供之，而絲及絲服，亦用之如沙泥。奧古斯都所用之繪圖者、探險家及地理學家，其數甚多，亦專爲東方而設，而當時之極有趣的文獻中有一短小之旅行記，爲差力士（Charex）地方之以錫度氏（Isidore）所輯成者，所述爲運絲之路，而蘇馬至巴克特里亞之站，亦詳載無遺。戰爭遠征及私家商人之事業，皆足令羅馬人增加中亞細亞地方之知識，結果令羅馬人振起精神，恢復北路而管治之，亦不至與帕提亞帝國接觸也。

商業問題之外，尙有邊防問題，尤須考慮者。羅馬既倚賴小國以施行此種工作，對於一團結之前線，甚難操之過切。羅馬帝國之第一年，康瑪其尼（Commagene）及伽帕多家（Cappdocia）並仍爲倚賴國，羅馬祇握一幼發拉底河之十字路口及蘇馬之十字路口，而以一團軍人駐雪瑕士（Cyrrhurs）以防守之，地當全鎭，亦因此爲大達，可至於阿美那斯、多烈芝（Doliche）、蘇馬、差利本（Chalybon 卽 Beroea）及安提阿諸地也。惟提比留（Tiberius）巧計廢除沿境之數附屬國，雖其計劃爲後人所收回，在維巴士時代，此士倂於羅馬。幼發拉底有三條十字路已歸操縱，二者向南，卽在撒摩撒達（Samosota）之地，其一向北者，則在米利丹(Melitene)地方。蘇馬乃入米索不特亞之起點，許多滿儎之騎隊由此而過；一稅站設於此，尚有一軍團駐守，當克羅狄亞(Claudius)朝時早已有之。以錫度所說之路，頗通行人者，與幼發拉底無大關連，此路成一巨大而半圓的灣曲，曲折突入安提密阿(Anthemusias)。復由此地直進與比烈加士(Bilechas)之路線同向，又由伊利(Ichnal)至李士科林(Nicephorium)，復遵大河而行。如仍不離左岸而行，則可至菲力加(Pholiga)，其地有一別徑可通沙漠及塔德摩，帕提亞軍常在此地過河，以侵羅馬疆域。故其逐幼發拉底河入希臘名鎮塞流細亞，距忒息豐上之帕提亞京師不過數里。

有一事所應記者，此路分出之方向甚多，幼發拉底流域仍未合乎旅客之理想，因沿河居民實視徵收通行稅爲發財捷徑，故商賈騎隊每向北周繞而行，經過沙漠，橫過先利阿剌伯(Scenite Arabs)之邦，距河有三日之程耳。所以如此者，亦因其領治之人糾察不甚嚴密也。其在夏日，則貿易中人不能不尋舊時北方之路，經此一帶，霖雨甚豐，水草又便。茲述其路徑於此：過河後則轉入北方，走過卡里(Carrhal)及累西娜(Resaina)而入於尼士比(Nisibis)及星加娜，乃與近尼尼徵(Nineveh)之底格里斯(Tigris)流域相合，一直入於忒息豐，另有一路，更入於北，由以得撒(Edessa)又從馬地(Marde)至尼士比(Nisibis)也。體格拉尼(Tigranes)雄才大略，在此處奠定太格魯奧車打(Tigranocerta)之基，其所以如此者，非虛榮中之，實商業意味太深故也。此路可謂與歷史同其古老，輸運大軍實為適用；亞力山大迭由此以征伐各方，有如圖拉眞(Trajan)四世紀後大舉征伐帕提亞所為，先後一轍，尼士比當時已為一永久之羅馬堡壘矣。

各路雖多而分歧，然最後皆會於底格里斯河傍的塞流細亞之盛鎮。有一事殊趣，可略述之：其地首為希臘所奠定，故其希臘氣味甚深，亦常能自立，不受帕提亞之羈縛。其財與勢可謂甚大，蓋其地位得宜，有以致之，此間居民殊雜，有馬其頓人、希臘人、敍利亞人，後又有一部份之猶太人加入，而此鎮商務之繁盛，可想見矣。距此數里之遙，則忒息豐在焉，乃帕提亞王之冬日京都也，人口稠密，商務發達，居民富實，尙有宏麗之大建築物，則帕提亞之管治階級所建也。距河稍下則有一新地點，乃倭羅格斯(Vologeseses)大王所開拓者，因其名而名之為波米蘭(Polmyrene)商人所常用之商站也。此外有一小國，在河之口，乃差力士地方一阿剌伯王所統轄，和離鎮(Phorath)亦包括在內。差力士本在河之口，至斯特累波(Strabo 爲著名之史家)生時，則已變爲航業之總站，但爲水冲下之淤積物，積聚甚速，在第一世紀之末，已在河下十二里之遙（在前的德利頓(Teredon)港亦嘗有此變）而亞波羅加士(Apologus)港口代其位。由印度而來之船舶，滿載木料、檀香木、及麻栗樹木、酸枝木，皆集會於此，並有定時。上述諸物，乃易波斯漁人之珠，地中海之紅石、酒棗及奴隸以歸。而在此商埠，凡自巴克特里來之商人，常在此下船往比脫娜及西方焉。

今又重提忒息豐矣。凡由此鎮向東而行者，則必跨山越嶺，直升西格魯山(Zagros)而入波斯之平原。復由今之靴文沙(Kermansbah)路前進，經過比喜丁(Behistun)之大岩，達厄比丹娜城(Ecbatana)，此城富麗無匹，乃帕提亞王夏季之行宮也。由此有路橫切米地亞(Media Rhogiana)之平原，直上裏海關；裏海關者，一軍事要隘也。然後過希臘之亞潘米亞城(Apamea)，取道海經利亞(Hyrcania)之原野而入於別一帕提亞城在乞載湯披魯(Hecatompylos)者。故此路繼續向東至安提奧齊亞(Antiochia Margiana 卽今之米夫 Merv。)照以錫度所述之道，則更南行而至亞力山大波果(Alexandropolis 卽 Kandabar)則經紀人及中國商人或彼等之居間者相會於此，其說殊略，不足饜聞，幸吾人耳目所及，猶可補充一二焉。

以錫度之時代過後，有一馬其頓富人名跌梯安娜（Maes Titianus）者，世業商，尤有興趣於絲業，特派一使者探路，而帶返遠方之消息及探求往來所需之時間焉。（他必是一個落籍敍利亞之馬其頓希臘人，他以一商人尙肯資助遠征之事，誠足令人驚異不置，卽此事不止一次，尙有一意大利的承攬商務者，特遣一羅馬武士尋求波羅的地方琥珀貿易之道路及地點是也。）一路至米夫城，其行程與以錫度所劃出者，初無二致，但離此城之後，則經紀客不轉向南方而直闖比脫娜（Bactra，卽今之Balkh）横切金米第 Comedi）多山之國，過沙其（Sacae）之領土，最後達到一站名『石塔』者，遂與中國人相會於此，此地實屬於沙烈高爾（Sarikol）內之德科根（Tashkurgan），此鎭位於俯瞰克君河（Yarkand）上流之荒涼峻巖上，該道路之開闢，已歷二世紀矣，誰爲爲之？則丹美脫禮牙（Demetrius）及米蘭道（Menander）二位也，巴克特里亞君主實董其成也，由德科根直落克君流域，東入中國，而至西安府之首鎭。由巴克特里亞又有別路過印度之克師（Kush），復沿忌倍爾（Kabul）流域，由著名之開伯爾峽（Khyber Pass）入於德西娜（Taxila）及印度流域。亞力山大征服巴提亞後，由此路而至賓夾（Punjab）。故在此荒涼之地，有三國之文明會集於此，即中國、印度及大秦國，而互換出品貨物及繪畫美術。此種交換所得之影響若何，則吾人仍未能完滿言之，探險家游蹤所及，近如綠盧（Lop Nor）（如思坦恩爵士 Sir Aurd Stein 之舉是也）附近之遠征，猶可致驚人之發現也。

惟別有一地仍須考慮於未達結論之先。自柳家拿（Lucullus）氏時代以來，羅馬史上有一最超越之特色，則爲驅逐帕提亞及佔領亞美尼亞（Ammenia）。亞美尼亞及其北之高加西亞（Caucasia）縣皆豐富而厚於生產之國也。高加西亞之森林，供給優良之木料，菲息士（Phasis）經過一流域，產麻甚饒，此縣亦以製麻著名，蠟及地瀝青之類亦於附近可得，就中如星奴比（Sinope）、亞米蘇（Amisos）及特里比沙（Trapezus），各鎭之水產物亦頗可觀。金產於河，而支巴拿則甚多紅鐵鑛及金礦。如此美地，値得歸併無疑，而此動力仍似不足不爲該時代之歷史的唯一鎖鑰，吾人必反觀前事，細心考察之，則自知之矣。

第一世紀之初，彭湃（Pompey）敗於米夫利地（Mithradates）後，北向以懲罰葉伯利（Iberi）及阿本麗（Albani）之以刼掠爲生的種族，乃假道於西拿士河（Cyrus 近 Harmozica）而直入葉伯利之國。他由此復得知印度之商業，由阿母河（Oxus）流域直下橫過裏海而來者，吾人類可忖知此種消息帶至羅馬，而商人階級頓有甚深之印象。數年之後，安東尼（Antony）之官吏名昆尼地亞士（Canidius）者，亦遠征及於葉伯利，（用同一之路徑）大破之而強之爲城下盟。終奧古斯都之世，大舉征服亞美尼亞，接受城下之盟者，不止一次，如 Tiberius, Gaius Caesar, Germanicus, Corbulo, 及其他各人之遠征是也。最有趣者，則阿本麗及葉伯利諸王力求羅馬親好，遣使往聘，不絕於道。當提比留王朝，阿爾巴尼亞（Albania）及意卑利亞（Iberia）並爲羅馬權力保護下之小國；彼等既得其惠，則常遣兵以助羅馬，而高標魯（Corbulo）利用之更爲法外之事。在尼祿時代，已有一屯營在亞美尼亞之于尼（Gorneae）地方，而本都士（Pmtus）。及李沙亞美尼亞（Lasser Armenia），皆隸於尼祿管治之下，藉收前方指臂之效；亦有人謂其尙遣一遠征隊入裏海關（疑爲高加索關之誤）云云。卡帕多細亞最後爲韋柏西朝人所兼併，據河而守，則有西門沙地（Samosata）及米利大頓（Melitene）二地，而同時有一羅馬的防軍突然出現於夏巫色加（Harmozica），在意卑利亞本土內者。杜密善（Domitian）所建設於小亞細亞東部之各新路，吾人猶可決定之其一路聯合（Samosata-Melitene Satola 及 Trapezus）諸地而成一新路，其二則由薩提拉（Satala）至衣利支亞（Elegia）、帕提亞之役，圖拉眞曾由此而進。

倘吾人今問爲羅馬人作此調度，究竟是何意思，則斷非如常解釋（卽防禦帕提亞人而設）所能令人滿意。吾人已知帕提亞軍隊不能越北部亞美尼亞以攻羅馬，或亦無須過西拿氏流域而航黑海，故每一次侵入，乃出發於幼發拉底之十字路，而集中於蘇馬及安提阿。考其眞相，則羅馬人欲操縱意卑里亞一帶之商業，且執佔南北二路之商務以壓帕提亞人。紀元前之第三世紀，塞琉息咨（Seleucid）官吏已探入裏海之路，史册具存，斑斑可考。菲息斯鎭（Phasis）在一河傍，河與鎭名同，由亞米沙（Amisus）二日可駛至，以此爲起點，此河大甚，且利於航，可以直達沙拿斑拿（Saropana）礮臺，過此以後，則貨以船載者，轉以車載。到菲息斯，復徐入於山中，但車路甚好，四五日內，則可見西拿氏流域矣。著名之高加索關，卽今之Iar el Pass、乃在此地，從北方而來之商務，亦由此而貿遷焉。此地非獨西拿氏爲可航，卽其他河道，亦不乏可駛往裏海者；故行人可直下亞西安尼（Alazonius）。然後由舖石之路，穿阿爾巴尼亞（Albania）有一交替的路徑，乃由特拉安散港口而至西拿，復過亞力支亞而入亞力士流域，此流域入於裏海者，但距西拿士河首之南不遠；
於德息地（Tacilus）氏書中，得知高標魯之軍在亞美尼亞者，其軍需品亦由此路輸
亞力士山峽乃爲亞美尼亞重鎮雅德司打所統，此鎮在羅馬史上固非等閒之地也。
政策不斷的管理上述二條路徑之北部，固無可疑者。乃亞力士流域必成爲帕提亞
侵略目標，但西拿氏及裏海之路徑及屋沙士（Araxes）流域——因屋沙士必與裏
通直至撒馬爾罕（Samarcand）無論如何，斷不爲帕提亞權力所壓。而此種政策可決
功；吾人可由阿立安（Arrian）所上於海達蘭（Hadrian）皇帝之報告書窺見一二，
安身膺使節，必不妄語者也。黑海沿東一帶，在菲息斯地方，則有砲壘防營甚多，如喜
ysson Limen)及鴨沙拿(Apsarus)諸地方有之，菲息斯本身亦駐有四百精兵，凡航行其
出入平安，該要塞之外邊，有一區老兵及其他從事商業者之居留地，自掘戰壕以自
地稍上，則爲帶奧橋利（Dioscurias）河岸，復有第二隊防軍駐紮於此。加以各山之小
馬一一以王號封之者，益附庸於大國；雄風所及，誰敢不臣，故此地全體皆在羅馬管
下。西曆七十五年，韋士伯膏調此防軍移駐夏巫錫加，看守達里尼爾道，亦以嚴察任

野蠻人之侵進爲往裏海之行客害也。羅馬倘無鉅大之商業關係，未必不憚煩至此，而以大力經營此荒外之地。此則吾人所深信者也。

在塔司克干（Tashkurgan）境外，中國商人等候西方之經紀，河岸之上，滿佈生絲、絲線及絲服，用以交換羅馬生產之寶石、琥珀、珊瑚之類。相傳謂彼等交易十分公道，一俟購者選擇既完之後，方可引退，而交易中彼此不交一言。絲之運入羅馬，固不需由帕提亞而來，往往大幫絲物由印度轉折入巴利忌撒（Barygaza），然後移往羅馬；甚至尚有運下恆河（Ganges）流域，直達巴烈寶花（Palibothra）及托勒密（Ptolemy）之繁盛埠頭者。然非精於此項貿易者不能知也。羅馬人對於商業關係如此其切，而遠方之人能有絲供人者，反覺淡然，自始至終，如入五里霧中，其爲自囿則亦甚矣。中國人則不然，蓋隨地無不足以表示探討之精神也。第一世紀之後半期，漢將班超奉詔平東土耳其斯坦一帶，固尋得塔里木流域之路徑，乃遣一將名甘英者探討帕提亞及關於遠道的大秦（敘利亞）之情況。甘英回，報告大秦之事，甚詳且趣，報告書中有云：『其王無有常人，皆簡立賢者，國中災異及風雨不時，輒廢而更立，受放者甘黜不怨。』（此文見後漢書西域傳大秦國一條—

——譯者）他亦明述沿路之驛站，及距離之正確度數，且謂其國『多金銀奇寶，有夜光璧、明月珠、駭鷄犀、珊瑚、琥珀、琉璃、琅玕、朱丹青碧刺金縷繡、織成金縷、雜色綾、作黃金塗火浣布，又有紅布，或言水毛毳，野繭所作也。合會諸香，煎其汁以爲蘇合，凡外國諸珍異皆出焉。』『其人質直，市無二價。其王常欲通使於漢，而安息欲以漢繒綵與之交市，故遮閡不得自達。』斯時有人告甘英，謂欲求羅馬，則須繞過阿刺伯，自可得達。我今可引一段文字以解釋甘英何以不能達意大利之故。其文如下：『和帝永元九年（西曆九十七年），都護班超遣甘英使大秦，抵條支，臨大海欲度，而安息西界船人謂英曰：「海水廣大，往來者逢善風，三月乃得度，若遇遲風，亦有二歲者，故入海，人皆齎三歲糧，海中善使人思土戀慕，數有亡者。」英聞之，乃止。』（此段見後漢書西域傳安息國一條——譯者）至桓帝延熹九年，大秦王安敦遣使自日南徼外獻象牙、犀角、玳瑁，始乃一通焉。

於此可見羅馬用絲之廣，實始自內爭時期，織絲之地點則爲太爾（Tyre）及貝魯特（Berytus），亦有在可斯（Cos）者。而斯時之詩翁，則盛稱可斯之絲，謂其組織之美麗也。味吉爾（Vergil）則相信絲之起源，乃由樹中抽出如線之狀，此則過聽裨官野史之誤也。輸運之費，高於其價，故非貴族巨室不能用之。柳勒 (Lucan) 氏在書中告人，謂埃及王后姑婁巴 (Cleopatra) 披絲服而臨盛席，而其服又成於太爾技巧女工之素手者，一般道德家爲美如天衣之絲服所震撼，目爲冶淫之物，而致嘆於世變者也。絲之應用，風靡一時，即男子亦有取而用之；初不限於金閨諸彥，但此與在提庇留朝曾下詔限制之，以其大有巾幗氣象。惟絲之貿易，日進不已，初不因其詔而停止。普林尼 (Pliny) 曾擬一奢侈及寶貴品表，列絲在內，而由馬細阿爾 (Martiol) 書中，又得知絲之一物，惟富豪之皇族所得而有，羅馬城中之大市，始有出售者。圖拉眞及哈德良二人一出，別摳一新紀元，但一切無謂繁靡之舉動，雖加禁止，而絲之貿易，不受阻遏，自是以後，裏海一道，實爲捷徑矣。

絲服之盛行於敍利亞鎮中，尤其是在貝魯特及太爾二地，殆有多年，各地之絲商亦必如過江之鯽，逐利而來者；敍利亞中安提阿地方有一人名希烈異多士 (Heliodorus) 者；在那不勒斯 (Naples) 從事於此類事業，名傳史冊。而在加比 (Gabii) 地方，有一敍利亞種之希臘人名衣非利迭打 (Epaphroditus) 者，在本鎮中從事貿易，獲利甚鉅。跌拔 (Tibur) 之地，亦有商人甚多，以絲爲業，且有一婦人在羅馬城中業此致富焉。上述諸端，皆於金石文字中窺見其端倪也。

據吾所知絲業及交通之文字，紀載蓋尠，所希望之證據，惟有於吉金貞石求之耳。此事實爲有益，例如印度人第一世紀之金幣與羅馬同其重量，而二者之造法，亦大約相同，則其沿襲之迹，要不可掩，羅馬金幣當時實爲一標準貨幣，行使甚廣也。又『舍十』一字，印度文字中存之頗久，（譯者案：後漢書西域傳謂：「大秦以金銀爲錢，銀錢當金錢一。」可與此說相參看。）有人以爲羅馬法律及辦法之徵迹，可由此時文字見之。惟恩坦恩爵士在塔里木流域之米蘭（Miran）之發現，則尤爲諸事之壯舉，在此荒蕪之砲壘中，乃竟有蠶絲路之壁畫及繪畫掘起，且此畫品又爲印度希臘美術之混合品，出於此地，人所快覩者。有一事尤足異者，則畫中人之姿態及佈置、面貌，皆表現出羅馬式之丰姿。爲時不久，又在祿盧平沙荒漠之中發見絲之貿易的遺跡，而一屋中發見絲一小包，仍未盡損。地不愛寶，來者無窮，發掘事業，他日必有以慰吾人之心意者。余日望之。

附註　譯自羅馬帝國之商路及商業第六章（Trade Routes and Commerce of the Roman Empire）

論羅柯柯作風

——西洋美術華化考——

G. F. Hudson 著

欲研究十八世紀間中國與歐洲美術之關係，不能不稍述通商，如中國色絲、瓷器及漆具諸類之入歐，皆可認爲此種關係之最重要因子也。而此際之智慧的（精神文明）接觸，大都歸功於在華之耶穌敎士，傳敎事業，實與此有莫大關連；蓋其時歐人能深入中國腹地者，莫便於敎士，彼等寖而嫻習中國之文藝與思想，日久不特促進華人對於歐洲之宗敎及學術之注意，且從事著作及翻譯，使歐人對於中國哲學有所認識。此外彼等尙爲各種技術交換之媒介，但究不若溝通思想之努力，亦不若風行一時之審美運動（即今所論之歐洲羅柯柯作風之發展）中之裝飾品貿易之重要。

海通以前，中歐間美術交流，頗爲間接。希臘美術，由亞力山大征服時代至西曆第三世紀，已對於北印度有強烈之影響，其後繼長增高，復由此地藉佛法[一]傳入中國。中古時代，中國絲織品及陶瓷，又大幫輸入回敎國都，回敎美術必大受其影響，因而入歐，勢所必至〔二〕據吾人所知，華絲入歐，實早在十四世紀前，有無影響，則不可知。總之十六世紀以前，中國與歐洲互相影響之途徑，初非直接。夫間接貿易，淺而易見，因貨物流通，須經衆手。惟間接的美術影響，乃歷史現象中之最難捉摸者；蓋藝術爲物，因居間者之修改，一經蛻化，面目依稀，數傳之後，實難明其本相也。

羅柯柯作風，乃由中國直接假借而來，已爲美術史家所承認。此時代之特徵，即中西美術互相影響中，而西方較得其惠，則因中國之傳統思想根深蔕固，不易移動也。法國在十八世紀之初，已有一含有華味之新作風，而此風披靡於歐洲各國有時云。

清代中國美術所受之歐洲影響，皆耶穌教會之成績。〔三〕耶穌教士多有醫學算學及機械學之修能，以此自見，得爲客卿，其中容有精擅建築及繪術者，挾其技游於公卿大夫之間，傾動朝野，使閉關自守之中國對於西來藝術及科學之優良，具有深刻之印象。彼等輸入華者，有法國意國之圖畫及鐫版術，色佛爾(Sevres)瓷〔四〕及其他歐洲美術作品，而歐洲作風頗受歡迎。其中鐫版術最受華人之贊賞，至此頗有以教士爲可人者矣。在繪術中，又居然以歐派鳴於時。康熙時，教徒中有二藝士應詔來華，則蔣友仁(Frs, Gherardini)

及柏爾徵爾(Bellville)二君，以一六九九年到京者也。士夫之習歐派畫法，則實自焦秉貞開其風氣。而畫家沈南蘋亦稍知西法，沈氏以一七三一年流寓長崎，其畫風被於日本。乾隆時代，則王致誠(Jean Denis Attiet)與郎世寧(Castiglione)供奉畫院；世寧不獨知西法繪畫，且能用華法爲之。在建築上，耶穌教士亦不無微勞。一七〇三年，北京始有歐式之教堂，華人乃知歐洲宮殿之可觀。乾隆帝乃命耶穌教士爲之建一新殿，式合中西，其內部裝潢，則郎世寧任壁畫，卽名聞遐邇之圓明園是也，此殿至一八六〇年，卒爲英法聯軍所燬。

有謂彩色印刷術亦由歐洲傳入中國，事或有之。彩色印刷術之初見，約在一六二五年。在前世紀，德意二國已有產生，可悉其來自歐洲矣。雖然，彩色印刷術之黃金時代，非在於歐，亦非在於中，而在於日本，日本似早在十八世紀由中國傳入矣。是則來自歐洲者，祇適爲一種手藝，因中國最初之彩色印刷，其款式上殊無歐化可尋也。

十七及十八世紀間，中國美術所受歐洲影響之總成績比較爲小，〔三〕且又爲旁出而非爲集中。歐派當時，既不若乾隆帝征服土耳其斯坦後傳入之波斯風格之流行，又不如西藏式建築之隨處可見。而中國傳統的純粹美術，仍立於士夫界之第一位，外來各種作風，實未足取而代之。莫寧 (G. Soulie de Morant) 在其中國美術史中，對於十八世紀作一總論斷云：『其與西方關係，雖日鞏固，而影響極少。……中國美術可沾漬西方，而西方美術實無力吸引中國。』

中國美術在歐洲之勢力，有如潮焉，其進驟，其退亦驟，潮流所趨，已足令羅柯柯作風之巨舶直入歐人趣味之內港矣。夫羅柯柯之中國遺痕，非能代表中國美術之全體者。羅柯柯之畫圖者之取材中國，特就其所觀感者，此特中國遺傳之一體耳；而唐宋美術，尚多未能領略，甚至交臂失之。夫壯美莊嚴，乃中國天才藝術家之能事，而彼等漠然視之，獨趨幽靈狂想之境。彼等空想中國，視為以絲、瓷及漆變化而成之仙境，虛無縹渺，了無俗塵，對於中國美術之推進，輒發生一種懸想的價值，彼等對於華事，其實一無所知。

㈣色絲繡品、瓷器及漆橱、漆屏諸物，已令歐洲上流社會熟悉中國裝潢之款式及原理，迹其初輸入之時，非盡以其為美術品而另眼相看，亦因其技巧出衆，品地優良，而居為奇貨。中國絲之工藝，實有潛移勢力，非歐人所可抗衡，而十八世紀前歐洲尚未有硬坯瓷及靚漆之產生也。故物質本身之優良，與夫中國專家，皆求過於供，而裝潢形式，祇有奇怪生新，甚或矯揉做作。尋而歐洲購買目光稍稍進步，不徒斷斷計較形式，且從而研究中國繪術之方法及範圍，又旁通中國建築及園囿學。

華化裝潢的品物在歐洲者，人皆稱爲羅柯柯作風。此種作風，並非無因而起，則以十七世紀之末，德人之嗜好驟變，風氣所趨，乃有羅柯柯時代之產生，約在一七〇〇年歐洲美術界中，仍爲巴洛克（Baroque）樣式所統治。此種作風，其源流演變，根本爲羅馬的，因其初在羅馬發展，故亦力求恢復古帝國之莊嚴偉傑，巴洛克式乃逆改革運動（Counter-Reformation）及文藝復興後之新專制（New Monarchy）之藝術，又爲一種含有驕傲及權力之藝術，而着意在堂皇富麗。雖繁飾盛設，使人不能復加，而其第一特色，乃在集體，其形式更莊嚴者，尤合於王者踵事增華之設也。惟在十八世紀之初，宗教改革及新專制已失其維繫人心之力。前者之信力已自竭盡，而後者，最少在法國，未能償其預立之希望。宗教之懷疑漸深而此風日長。開明時代，始露曙光。法國君主政體已剝奪貴族之政治權，以崇高其身，一人爲剛，萬夫爲柔，睥睨全歐，指揮若定，惟至尊地位猶未能達，而不幸之事，接踵而來。路易十四之王運已終，一跌之餘，不堪回首，十七世紀，法國貴族經過一番顛沛之後，在政治上雖無權，在社會猶有地位，既與平民異趣，又與國家及教會絕緣，坐享餘蔭，以終天年，而又涵育於美化之中，寄情於花鳥之際，舉認爲歐洲高雅生活之模範也。

在此種情勢之下，而羅柯柯作風乃應運而生。古典的巴洛克式突衰；其沉重的莊嚴，已漸見煩重不靈之象，其誇大性，亦不能感人，蓋已入於懷疑與擺脫幻象之時代。但吾人仍享太平之福，亦無懼革命重演。吾人自有一種藝術，令吾人以大方態度爲自身創造一新世界，想像中之優美安適自由光明之世界。

歐洲美術當時對於華人，自有多少隔膜，因其國之文人學士，抱其數千年之傳統思想，快然自足，以外來者爲無足重輕也。法國則巴洛克式貶價之後，人心不定，實爲接受異國影響之機會。故新作風應運而生，此種作風之主要精神，自得中國之提示不少，頗能於歐洲傳統美術外，別闢生面。

一六九〇年，美術大師萊伯能死後不久，而羅柯柯精神始稍見其端，但當其死時，路易十四極力反對此種新趨勢，而羅柯柯美術家仍處於反抗地位。而賴治文(Reichwein)仍謂『法國朝廷舉行慶祝十八世紀第一次元旦，亦如華人慶典。』[六]故一七一五年路易十四死後，而羅柯柯已發育完滿，統治法人嗜好者殆凡八十年至一七五五年，有彭城（Pompeii）考古發掘之事而古典主義有復燃之勢，繼長增高，卒於一七八〇年制勝羅柯柯作風。歐洲復古，非祇花樣上之空談，實爲產生羅柯柯作風之心理方面過去之反映。羅柯柯之爲美術，乃處於熱情信仰之兩時代中，介乎一輕躁而一放弛之間之產品；而又相當於較早，較利，消極而破壞之開明時代。該世紀中葉後，吾人已達到一新嚴重性，而激起改革之熱心，實爲對於作風之反感，由羅柯柯之蛺蝶式幻想派漸漸導入於帝國作風，及共和英雄畫師大衞氏（David）之域。

羅柯柯作風大約在十八世紀中葉乃由法國傳入英倫，而一入契盆對爾（Chipperdele）手中，大顯其效。羅柯柯雖不根原於英倫，然英倫實直接受中國之影響，與法國頗異其流。辰伯茲（Chambers）曾到中國，又嘗手創歐人所謂「中英花園」者。[七]在中歐有呼羅柯柯爲法國高魯克（Franch Groteoque），十分流行，而在建築上則效力大於法國本身也。

契盆對爾之「指南」（Director）中，將各種風尚次第分析之，有所謂法國的（即路易十四，羅柯柯，）中國的及哥特的(Gothic)。其對於何式爲中國的，或哥特的，時陷武斷之弊，因中國之影響已早入於羅柯柯，則中法二國作風，有打成一片之必要矣。但各項作風——及契盆對爾有時欲組合三者於一件器具中——已見此種運動之基本的趨勢，頗有浪漫之風，離去古典派氣味，而加入文學中之相似的運動。中國式與哥特式聯合，光彩日高，直至該世紀之末，中國化之哥特式一語，有口皆碑。惜當時眞無切實研究哥特式者，棱先生(Wren)曾呼之爲阿剌伯的，今已有人將之與中國式放入一彙，雖然，亦不易辨也。最易見者，則此類作風，盡與羅馬學院之遺法相反者也。

當時歐人對於中國美術不少批評，其實在一世紀前，有門多(Mendoza)已知甄賞中國裝潢及建築之高格；而十六世紀西班牙，大染摩爾式(Moresque)之遺風，故對於中國美術早有同情。惟耶穌教士李明(Louis Le Comte)以一六八五年離法國來華，〔六〕其於中國許多事物，不少好評，但在美術範圍，亦未聞其美譽。其論北京宮殿云：『當汝得到帝之寓所，則見走廊深邃，石柱如堵，歷白大理石之梯而直至殿前，雕桁畫墁，美不勝收，即地板亦大理石或瓷爲之，其中各段建築工程，無不其光緻緻，炫人心目，令人咋舌贊嘆，如見王者之威嚴。但中國人對於各種美術，尚無完全之觀念，故不免出手即錯，各室皆設計謬誤，裝潢不整，又不如吾人宮殿之有統一性，既不方便，未云美觀，總而言之，則整個宮殿帶有畸形，令外人起十分不快之感，而稍有建築智識之人，對之亦爲齒冷。雖然，認爲美術傑作，夫豈無人？即教會中人，亦往往馳書相告，或則未能目驗耳聞自足，或則身在局中，習而不察，無足怪也。』[九]

李明又云：『中國人之屋宇，潔淨宜人，而不美好，對於園藝，尤不注重。……中國人向少着意佈置園囿，盛設裝潢。仍有可喜者，則湖山石洞，頗費匠心，模倣自然，別有天地，所費往往不貲也。』[一〇]

又論中國繪畫云：『除漆器瓷器外，中國人又善用繪畫爲室內之裝潢。然彼之繪法，不甚高明，蓋未知透視學，未免費力於無補之地耳。』[一一]

觀李明之意，蓋以中國人不曉透視法而短之。不知華人亦以西人之拘於透視法而大笑也。鄒一桂云：『西洋人善勾股法，故其裝潢，於陰陽遠近，不差錙黍，所繪人物屋樹，皆有日影，其所用顏色與筆，與中華絕異。布影由闊而狹，以三角量之，畫宮室於牆壁，令人幾欲走進。學者參用一二，亦其醒法，但筆法全無，雖工亦匠，故不入畫品。〔三〕二者之言，各懷偏至，然鄒氏稍得其平。蓋耶穌教士中，當時似無第一流之畫家，能滿人意，而李明身居北京，所見傑作必多，猶發此論，不免師心自用矣。

李明之呆板而狹窄之態度，又無異十九世紀歐洲人士對於遠來美術之普通觀察。十七世紀及十九世紀中間有一時代，中國款式最受歐人欣賞，因不齊整與不平均性，李明以爲無秩序與不統一者，正羅柯柯本身之性也，是則李明所不及料矣。

別有一教士名阿泰力（Attiret），於一七四〇年，又有論及前者李明所見之宮殿，而持論適相反，因時代不同，嗜好隨之而改也。〔三〕其言云：『此地各物，皆偉大而華美，其工程與設計亦然。然中國人之建築物，千門萬戶，變化無方，吾惟有服其天才之豐富。吾相信比較之下，吾人惟有自慚貧乏而已。』

夫千門萬戶，變化無方，確爲羅柯柯裝潢作風之極則。在款式上，自以複雜及豐富爲極軌，但仍要保持一種精細之統一及平均性；改用中國法之自由曲線形，以豐富之曲線運動打破直線，既用直線經營位置而帶有中國方格之不齊的法律，其可喜處往往在此。

彼之豐富處，全異於巴洛克，力避集體而古板之外形，而主張輕淸自然，使人意遠，即室中有直角者亦以曲線改良，使無呆滯。古淡淸新，毫無刻劃之俗態，反對强烈之色彩，頗類後期哥特藝術，好作各種花草紋之裝飾，但不復作火焰式耳。以此甚合於法國路易十五時代貴族中人寫意之用，吟風弄月，人地相宜。

尙有過半建築物之工程，不爲羅柯柯作風之影響，蓋古典作風，猶有存者。而少半之建築物，尤以鄉村中避暑地及涼亭爲多，因時人固酷好之，細意經營，重視無比。——羅柯柯於是積極發展，凡中國之亭榭，土耳其之涼亭，爲其倣效殆盡。多層之塔，亦習華風，構造務求易舉，簷前鐵馬，百折迴廊，方格彫紋之窗，皆爲羅柯柯建築之特色。徒以時移世易，狂熱亦過，羅柯柯建築性質薄弱，迄今幾無復存，可考者惟易伯河 (Elbe) 百利士宮 (Palace of Pillnity)，德勒斯登 (Dresden) 之日本宮，松蘇栖 (San Sonci) 之日本亭，在英國斯塔福州栗寶廬地方(Shangholongh in Sta ffordshine)，亦有一亭焉。

雖然，羅柯柯對於室內裝飾及家具之貢獻甚多，其收效亦大。此點美索內(Juste Aurele Meissonie) 言之甚精。今引百里結 (O. Brackett) 書[三] 中數語明之：『在羅柯柯作風之不整齊劃一而言，則假自中國之裝潢，誰亦無能否認。其蔑視配合，不顧直線，全與歐洲遺傳下來之構造定律相違背。不整齊之美，已久佔法人想像之中，其時惟美索內出而一展身手，勝任愉快，又爲任何其他美術家所不及。』

美索內領導作風，及其末流，而生劇烈之反應，遂致中國美術，皆成嫌惡。羅柯柯之衝動之速竭原因，則其感動之力爲異國性者也。美索內及其信徒，所用之方法既艱險於用，而又無基本之美學原理爲之根據。故此運動不久遂流爲無度，可哂之處甚多，德意二國，是其尤焉。羅柯柯裝潢最盛之際，直可與歐洲任何時代比較，但亦無一種在十九世紀前，已見如斯之慘敗。此潮不久衰退，而古典主義復回而抑制幻想之越軌。而路易十六時代室內裝潢及用具之風尙，仍是承繼路易十四者；羅柯柯趨勢之不敝，大概以其易行，而用瓷片作裝潢，又爲冠時獨出。

羅柯柯室內裝潢，如瓷器漆器及絲皆由遠東輸入，陳設既雅，款客亦宜，又爲此種作風發展之大原因也。其時闊人家中，必有「中國室，」其中各物盡中國物也，苟無其物，亦不惜倣造。故契盆對爾設計一中國式臥榻於房內，有中國壁紙鏡及椅焉。[三]

頹痕（Reichwein）云『瓷器可視爲中國所賜，至於中國畫法，亦可由此窺見，取爲模範焉。』[二六]中國瓷質之美，十八世紀初期，文人學士歌詠之者甚多。

歐洲始產瓷器，乃在薩克森（Saxony）地方，而在Augustus the Strong朝下之薩克森羅柯柯作風，以物質之矜貴而遠被四方；牆壁及天花板皆嵌以瓷，甚至檯及椅亦以瓷爲之。用瓷裝飾室內，爲羅柯柯時代之特徵，甚至形式及顏色之不倫不類，亦在所不計。

歐洲亦有陶瓷，但不及華製者之美，而裝潢又西不如中，故不惜借材異國。漆器初亦受華漆之影響，其家具多用漆器，然亦採中國之作風及模樣。十八世紀歐人之漆器，實難辨何者爲襲自中國者也。羅拔馬天（Robert Martin）爲綳巴都夫人（Madame de Pompadour）製漆家具，倣照中日二國之款式，[二七]頗見匠心，福耳特耳（Voltaire）曾譽其青出於藍。

中國之絲與歐洲仿造品，及誤稱爲印度的中國棉織品，則有用爲外套者，亦有用爲懸物者，其用途亦甚廣也。其更時髦者，則有用爲帳幕與壁紙之用。壁紙在歐洲十六世紀已有出產，而輸入歐洲者仍歲有大宗，除普通用外，仍賚其款式倣製，蓋由十八世紀來已然矣。尚有一歐洲派專做中國式，與外來者爭一日之短長，而產生所謂英中合璧及法中合璧的壁紙。其初中國壁紙多採花鳥的模型，至十八世紀，又採用風景畫爲點綴，人物亦有，其題材不出於種茶及製瓷耳。中國壁紙普通每幅高十二尺闊四尺，且爲全套製成者，足供全室之用。

中英式花園，又爲羅柯柯庶出之物。此種花園與羅柯柯避暑別墅及涼亭，有密切之關係，前已言之；在英國尤見發展，則建築師辰柏茲(Chambers)倡導之功。蓋其少年時代曾至中國，服務於瑞士東印度公司，其後再至中國求學。辰柏茲曾爲康總公爵(Duke of Kent)在邱(Kew)地設計一座中國花園，遂成中英式之模範，此風播及法國及德國，而爲羅柯柯最後狀態之第一特色，今漸失其地位。[一八]中英式花園，經辰柏茲及作家如阿泰力之流大加揄揚，而歐人漸知遠東園藝之美，其象徵之奧妙，及風景之審美學，亦深受彼等賞識。[一九]彼等對於中英花園之魔力，亦所醉心，復在歐洲發展一種新作風，與路易十四時代之直線形及幾何畫式之花園絕對不同，亦與如公園式的天然的花園些微有異。辰柏茲創造之作風，具有不平勻不齊整之美，湖山小澗，點綴其間，——雖具野態，然不脫斧鑿之痕，其中如虹橋、假山、文塔、涼亭皆是也。如羅柯柯家具者然，及末流因其審美法奧妙難解，人亡法失，故此運動遂不能久持。

以言羅柯柯時代之繪術，則有發托(Watteau)出而任解釋作風之責。復表示此種繪畫，情調非常閒適，想像亦能自由，訴諸感情，超然物外。而彼之技術亦能副其言。發托之美術上祕法，許多由魯本舊(Rubens)及威內司人得來，但尚有非抄自歐人，又非天才所發者。賴痕指出發托對遠東美術之獨具隻眼，評其傑作遠航(Embarkation for Cythere)云：『凡人對於中國宋代之風景畫研究有素者，一見發托此作，必訝其風景之相似。但彼亦不能以人力融合爲一。其畫中遠山，猶保持作者之生命。青峯縹渺，即本人之目亦未嘗見之，但甚類中國形式。舵之尾艕作黑色，居然華樣，而綴雲之法亦然。夫風景畫用單色作煙雲。發托所慣爲者，亦中國山水畫最顯著之特色也。……當時之人，乍見頗類中國繪畫之奇形非常之作，不覺目光一新，同聲贊歎，彼等視色調之優美，如愛中國之絲與瓷，爲之神往焉。』[10]

十八世紀歐洲已於中國之漆器壁紙及裝飾品，得見中國之山水畫法，但此物之買者及出產者，注意於虛浮之裝飾效力，由此種普通商品，固難窺見中國風景畫之較高精神也。然在中國事物最時髦之時，世人崇拜熱烈，有好事者摹倣中國名作，所謂南派之山水，或較爲摩登之文人畫，卽水墨畫，凡有天才之畫家類多喜之。大闢幻想世界之門者也。此種作品之入歐，或爲正式之懸畫，或爲幔畫及扇畫，其屬於何種用途，至今實難查考。以余忖之，與其謂爲普通之輸入品，無寧謂爲私人所購買耳。其初輸入者，以粉本爲多，與其他美術品同受歐洲美術家之甄別，當時歐人狂愛華物之時，中國美術品如潮而至，往往魚目混珠，事所恆有。

發托之有中國氣味，與羅柯柯感情相團結，此世紀後期，復有一畫家之華化者，其偉大不讓前者，惟癖性大異，厥名高升（John Cozens）。高升作品，與羅曼斯運動同盟。此種運動，有許多地方與羅柯柯不相容，但反對古典派與奧古斯脫（Auguston）風會則一也〔二〕。羅曼斯主義主張一種曠野放佚，任天之旨，此風在中國山水畫極盛時代已左右一時，而卒未輸入歐土，高升（與其父晚年之作）〔三〕當將高連斯（Collins）及華茲華士（Wordworth）二詩人之詩意表現於繪畫之中。故康斯塔布爾（Constable）云高升一身是詩。彼眞爲山水畫新意傳述者，而擴大歐人之美的觸覺者也。

關於發托，吾人知其常畫中國物，可知其已於中國美術發生興趣。至於高升，則不能探其普通興趣之所在，對於其生活亦不甚明瞭，其生死之年月亦難確定，惟知其平生好漫游耳。一幅中國粉本，足導高氏之性使入於新研究範圍；爲初步之水彩畫家，爲風景之眞詩家，不得不有所師。有一時期，普通之英國水彩畫法，以筆畫爲基礎，高升用中國水墨作繪，即就技術上言之，亦與中國結盟者也。猶有進者，論其美術之成績，其佈景，其格調，其感情之緊張，其表演之方法直接而簡樸，與其謂近於歐洲初期之山水畫，無寧謂爲近於盛傳之中國山水畫耳。近世有二批評家評其作品云：『以分析眼光觀之，其畫之極品，常作虛無縹渺，不可捉摸之狀，既無斧鑿之痕，不見刻意之處。觀者乍見其畫，或誤爲夢中之作，或神來之筆。以余觀之，若此毫無實際之作品，在歐洲得未曾有，蓋其製作工夫，似尚不及其個人靈感之作用也。』[三]

高升雖生時未成大功，而死後之影響絕大。康斯塔布爾(Constable)之美術固與之異趣者也。而稱之爲「山水畫之最大天才」騰納(Turner)宣言，覲於高升傑作(Landscape

Vith Hannibal on his march across the Alps, showinghis, army the fertile Plains of Italy)（

七七六年展覽於皇家學會後失去）一幅，得益較其他作品爲多。囂斯（Mr. C. E. Hug

s）亦云：『風景畫第一次在英國藝術中佔有地位而成爲表現之完全及獨立的媒

經其手。……其成功影響所及，在英國美術上功自不磨云。』〔三〕

十八世紀中國花樣既盛陳於歐人之前，各美術家亦自擇其所合用者以去。蒙絲

Meissonier）則專擇中國裝璜之較不經而偏於幻想的特式。發托則務擇其合於其

戲臺的羅柯柯概念。而高升，除天才獨絕外，則深受中國宋代之單色山水畫家相傳

理畫法之薪傳。

余此文論羅柯柯作風較其時代爲多，正以十八世紀歐洲自有時代精神，放言高

有衝突。羅柯柯之特行，乃屬於可見的藝術，時莊嚴之古典主義管領法國文學，蒙絲

伙其可見的裝潢術，破裂歐洲相傳之大典。在他方面，十八世紀末之英倫，則羅曼斯

瀰漫於詩歌及繪畫，而建築及家具則猶在新古典之勢力下也。美術分門別派，至十

紀猶顯。吾人觀於當時著作家、詩家及畫家，對於建築及家具悉其抨擊，可知矣。吾人

明瞭一代之文化，則必於數種美術之特點及其互相關係有深切之認識焉。

十八世紀歐洲及遠東之交換影響，必推繪畫術爲最重要矣。有謂歐洲繪畫之華化，日本亦有微勞，日本美術孳乳中華，飲水思源，不得不認中華美術之澤遠流長也。

（此文根據 G. F. Hudson: Europe and China 一書之第九章 The Rococo Style）

本文附註

註〔一〕 參看 A. W. Lawrencee, Later Greek Sculpture, Sir Aurol Stein, Ruins of desert Cathay and Serindis, esp. Vols, I and IV, and A. Foucher The beginnings of Buddhist Art.

〔二〕 參看 D. Talbot Rice, Byzantine Glazed Pottery, pp. 86—7 and Eberolt, Les arts somptuailes de Byzence, pp. 10, 11, 148.

〔三〕 泑料鑲嵌的牙瓷術（即景泰藍，中國人稱爲琺瑯）在元朝已由羅馬帝國輸入中國。

〔四〕 中國陶器亦有倣傚 Sevres 窰者。

〔五〕 瓷器及漆器出於中國，來歐洲應市者，其種類形式，皆商人迎合於歐人心理而採用，故不能視爲美術之影響。因十九世紀前，亦無此種貨物之中國市場也。

〔六〕 參看 A. Reichwein, China and Europe: Intellectual and Artistic Contacts in the eighteenth century, P. 22.

〔七〕 欲考中國羅柯柯影響於歐洲，請觀 W. and J. Halfpenny, New designs for Chinese Temples(1252); T. Chippendale, The Gentlemen and Cabinet Maker's Director (1754.1762)and W. Chambers, Designs of Chinese Buildings(1757)and Essays on Oriental Gardening (1772).

〔八〕 Memoirs and Observations…made in a late Journey through the Empire of China, tr. from Paris edition; 1699.

〔九〕 Op.cit p. 59 Letter to The Cardinal of Fur st emberg).

〔一〇〕 Op. cit.,pp,157,159(Letter to The Duchesse de Bonillion)

〔一一〕 Op. cit., P. 156.

〔一二〕 見鄒一桂小山畫譜。

〔一三〕 參考 Lettes edifiantes et Cureuses,Paris,1843, lll, P. 791 李明與阿泰力二人，對於同一宮殿而批評適相反之處，Reichwein 已在其書中五十六頁指出。

〔一四〕 參看 O. Brackett, Thomas Chippendale, a Study of his Life Work and Influence (1924)。

〔一五〕 Brackett, op, cit, Plate 24。

〔一六〕 On. cit.,P. 29。

〔一七〕 日本之漆及其他美術品，皆由荷蘭人之手輸入，蓋荷蘭人當時壟斷日本與歐洲二處貿易之利。十八世紀中日二國之物，常常混亂，但歐人所做造者，必擇其初祖。

〔一八〕 參考 W. Chambers, Designs of Chinese Buildings.(1757) 及 Essay on Oriental Gardening (1772); Le Fardin Anglo. Chinois (1770—87); C. S. E. Hirschfeld, Theonie der Gartenkunst Leipzig, (1779—85)。

〔一九〕 下列諸書有述中國花園者： Du Halde: Description....de L'empie de Chine, Paris (735) 及 Attiret; Lettres edifiantes et curieuses des Missions etrengeres, XXVII, Paris, (1749)。

〔二〇〕 Op. cit.,p. 48.

〔二一〕 高升雖不屬於羅柯柯，但其長成，正當羅柯柯及羅柯柯華化流行之會也。其父亞力山大仍是其中人物。在羅柯柯世界，隨處可受中國之提撕。羅曼斯運動極盛時，毫無中華風氣也。

〔二二〕 亞力山大高升晚年作品，極類其子者。當其揮灑得意時， Bieyon 謂居然一幅中國水墨畫也。

〔一三〕 參看 J. Finberg and E. A. Taylor, The Deurelopment of British Landscape Painting in Water Colour (Special Winter Number. Studio. 1917—17)。

〔一四〕 Early English Water Colours(1913)。

西洋美術所受中國之影響

Louise Wallace Hackney 著

西洋所受中國之影響，至大且深，而歐洲文化之受賜於中國者尤爲著明深切，前人知之者尠矣。近世中國學者，窮搜典籍，分析吾人之文化，而西方學者亦致力於考古，發見尤多，中西文化之交換研究，至是大顯於世。

遠東文化之影響，窺探者尤多，而西方文化影響遠東之民族者，亦有可述焉。所知者，如希臘美術觀念影響於印度美術，而佛教興後，將之改頭換面輸入於中國。近日發掘外蒙古一帶，發見希臘式之織品，其物之年代實在紀元以前。日久發見必多，而東西文化之早期接觸愈明矣。希臘之絲織品既能流入外蒙古，亦必有物爲之引導，而同時帶返中國完全成立光明偉大之文化而回，由近東而入歐，其事滋便。中世紀以來，紀載尤盛，西方所受中國之影響，較易尋源。

關於遠東文化之發展，西方學者持有二說，聚訟紛紜，莫衷一是；一則謂其文化之發生，獨立爲主，與西方無涉；一則謂其實溯源於西方，後因移民而讓渡於中土。二說今人皆不承認之。由近日考古學之發現，證明中國舊地之新石器時代之人，與近東及歐洲東部之居民有若干關係，蓋其實物款式舉相似也，許多學者見此相似之點，則宣言此種人民皆起源於同一地點，卽近東是也。惟此說，人又不承認之，伯希和氏 (Paulpellot) 乃得一較可保持之說，蓋謂種種類似之點，與其諉於人民之移殖，無寧歸於文化之移植之爲當也。

徵諸歷史，牽引東西之線索初爲絲製者，吾非謂眞有絲線以爲牽引之具，不過中西之交通實以絲爲媒介耳。羅馬帝國欲絲，而中國卽足供之，埃及女王姑婁巴 (Cleopatha) 當年所穿之絲袍，乃華絲所製成，而埃及人自以其本色織造者也。（高勞夫團長(Colonel Kozlov) 在蒙古發見具有希臘色彩之絲織品，其年代當在紀元前一世紀或二世紀，由此可見當日交通之密切矣。）中國保持絲之產生方法不傳於外有數百年，羅馬作家如威吉爾 (Virgil) 之流，以絲爲某種植物產品，由樹上抽出者，中國人征服東土耳其斯坦，力與東羅馬帝國接近，而在中國史中猶可考見安敦帝 (Marcus Awelius Antoninus) 之大名也。當第一世紀，中國已有使團臨波斯灣而入羅馬，後聞人言，入海者多患思鄉病，大懼而回，由羅馬來中國第一旅行家，考諸紀載，則抵步於西曆一百六十六年云。

羅馬傾覆之後，絲路久為波斯之沙散里 (Sassanian) 勢力所封閉，西曆五二七—五六五年，竟為查士丁尼 (Justinn) 及其繼位者設法打通之，此舉殊可稱為外交政策最精采之一段。一世紀之後，亞洲為二大強國所分，回人在於西，唐人居於東，中西交通，斷而復續，當時西人之能遠達中土者，人數信為不多——雖唐太宗時代，謂有四千外人入居華夏——而旅行程中所知之新奇事物，足以信今傳後者，為數甚多。魯化博士 (Dr Bertlold Lanfer) 已經考出十四種農產品，自紀元年起至忽必烈時代由中國輸入波斯及波斯以外者，而由西方輸入中國者亦有六十八種之多。普林尼 (Pliny) 謂梨及梅二者，皆中國果品，雖其絕不承認其輸入歐洲之「入口港」為亞美尼亞 (Armenian) 及波斯也，西曆六百年已有精美之玻璃由西方輸入，其實漢代早見此物也。

由唐迄宋，回教徒之武力幾成為中外交通之障礙，及成吉斯汗以其蒙古鐵騎橫掃亞洲，繼入歐西，雖有破壞之事，而同時亦將其所克服諸國之文化傳播，使其互相沾溉，元人已聯為大帝國，幾幾乎成一世界帝國，舉凡中國、高麗、印度支那、爪哇、波斯、俄羅斯屬土耳其斯坦，俄國、及波蘭，匈牙利甚至日耳曼之一部，霸力之強，前所未有，道路大通，鐵蹄無阻，合歐亞爲一家，而木版印術亦由是西傳矣。雖蒙古之征服，不過世界史中一瞬，而種子所播，足以使吾人近代之文化脫離中世紀之社會也。

中國貢獻於西方者其物非一，舉要言之，則有印刷術，紙幣制度，交易上之轉讓的工具，羅盤，（美洲亦藉羅盤之力發現）火藥，（中國宋代早已有之，）在歐洲火藥一物，竟剷平封建制度而創造現代之公民軍焉。其餘如傳入煤之用法，絲、紙、茶、瓷器、膠糊、骨牌、紙牌等類，皆歸功於中國，此種貢獻，有裨於西方文化之改善，至大且深。猶可申明者，則此種事物於文化復興及改革之變局中曾予不少助力，然後吾人近代西方文化之基礎，纔以成立。

元代歐人來華者，實繁有徒，固不止馬哥孛羅 (Marco polo) 一人而已。西歷一二四五年，教皇煙露辰第五 (Pope Innocent V) 曾遣嘉本禮 (John of Plano Carpini) 持節來華，法國聖路易 (Saint Louis) 於西歷一二四八年及一二五三年，分別遣使來聘中國。盧布祺 (William de Rubwgis) 在其東方旅行記中歷舉一幫歐人之名而爲官於元朝者，有謂曾有一隊蒙古騎兵助十字軍征收失地，而有一法國人被委爲北京之天主教僧正，彼得大帝欲採華夏之文風，以化其半開化之帝國，即遣人到中國以習其政體及建築法焉。

其身歷中國而有游記等類之書傳世者，非獨馬哥孛羅一人，而中國人亦有到西方考其民情風俗，著爲專書問世者，此百年間，約有五種以上。

元代帝國覆亡之後，突厥人又復活動，斬斷歐亞之交通。西曆一四九二年，哥倫布欲通印度至遠東之水道未成，七年之後，伽馬(Vasco Da Gama)乃作繞行非洲之舉，再二十年後，葡人始在澳門登陸。

其時歐人對於中國發生興趣，幾全爲精神的及理智的，天主教堂中人視中國爲傳教之唯一好場所，則遣教士入華，大肆活動。幸此種教士皆爲飽受教育之人，於其尋出之教化及文明，尙屬明瞭。十七世紀及十八世紀期間，中國文化盛稱於歐洲，橫被四表，沾溉無旣，亦大抵教士之力也。故當時西人來往之信件中，Cathay（契丹）一字，不絕於目。不久又有圖畫表示此種奇怪人民之生活矣。西曆一五九六年及一五九八年間，第一幅中國畫像初出現於荷蘭，此五十年中，中國事物非常流行，荷蘭人使團之插圖報告書旣印行於世，其最著名者則爲麥牙(P. de Glyer)及奇沙(J. de Kayser 1665)氏所著者有關於中國生活之插圖凡一百五十張，而用中國之透視法繪成者，不久又有同樣之印刷品，爲法國雕刻名家所作，法國路易十四時代市場上有售之。一六七〇年，教士開義（Athanasius Kircher）著有一書名中國古物圖考(China monumentis qua sacris qua profanis Illustrats)，全書爲拉丁字，後譯爲法文，凡愛中國物者，靡不愛讀其書，至數十年不衰，當天主教徒介紹歐洲美術與華人之時，乾隆皇曾製成「得勝圖」十六幅，係述一七七〇至一七七四年事者，寄往歐洲雕刻。蓋當時銅的雕刻法，中國人仍未知之也。此種雕刻品之原本仍留歐洲，以之複製者尤不計其數，而歐洲之人又恣意加人物及舟楫於其上以爲點綴，後以一本送存英國博物院焉。

開義教士之書出，而中國之經籍亦同時譯而印行矣。外人之聞孔子之名而知中國之政教者日多，旁伯柯度（Pompadour）乃一熱心中國之人，其會客室中固不少專談華事之客。有古姓者，初爲華僕，後以一七五〇年跟隨其主人之爲教士者返巴黎，在此智識界中，居然顯名有歲。其有因嗜中國之物而幾成笑柄者，則一七五六年路易十五世竟效中國皇帝之服裝而舉行春耕禮之制云。

當時常稱亞洲爲「善忍的亞洲的」(tolerant Asiatic)，而以中國人爲君子之模
爾特(Voltaire)覺視之爲具有完全倫理科學者，嘗言曰「倘有人焉，欲究極天人竟
古，則第一必注其目於東方，東方者，凡百學藝之生產地，而西方所仰承其賜也」。其
sui sur les moeurs(1760)中有一長篇，論及中國之事物者，其態度洵可代表當日西人對
人之態度也。

哥德本人對於中國事物，亦大饒興趣，一八一三年，曾作一度之研究，其書云：『我
爾斯巴得(Karlsbod)回後，對於中國，深有研究』云云。他於中國畫學亦稍知門徑，
陽筆法，未能深悉也。研究哥德之著名學者得門(Eierdesmann)，謂哥德有若干劇本，
動作及暗示中，深染華風。哥德歿後，猶遺下一中國文集譯本，名曰「百美新詠」者，
未行於世。

在華教會，時有內閧，其活動力乃大減省。歐洲對於中國之美術及文化之興趣，隨
衰，純粹的商業興趣取而代之矣。歐人不復以學者之目光觀中國，惟以商人之目光
矣。但不及三十年，西方對於中國美術文學，又重起覺悟云。

當西人醉心於中國最猛熱之時，華化華裝影響於歐洲生活各方面，尤以手藝爲最漆器最受歡迎矣，芝特儂女士（Madame de maintenon）在維爾賽（Versailles）及特喇農（Trianon）二地，皆用中國之家私，而麗巴都（La Pompadour）又爲羅拔馬天（Robert Martin）特殊主顧，蓋羅拔能以中國模型之花鳥以裝漆器也。故中國家具在一六八九年，至用爲皇家開獎之物，其矜貴可想。英國威廉（William）及馬利（Mary）朝家具，有已早受其影響，甚至今日吾人所用家具，猶未能脫盡華風，戚食地（Chippendale）及蝦披威（Heppelwhite）家具之直接受中國之影響，又何待言。

用漆亦不限於屋中家具，尙有中國式之轎亦然，且此類甚爲普通，摩利爾（Moliere）在其書中常述及之，一六五九年出版之女界笑談（Les precieuses ridienles）書中，述之尤頻。

瓷器之入歐，卽中國對於西方文化最大貢獻之一也，當瓷器未盛時，食具皆以金銀白鑞，或木製之，一依用者之階級而定。瓷器入歐，物離鄉貴，歷數世紀，惟珍如古玩，而不以尋常用具視之也，馬得里（Madaid）及馬賽爾二地，皆設有皇家收藏室，至十八世紀始變爲日常用品，東印度公司第一次輸入鉅量之次品瓷器，而西方世界日用生活遂告革命，其提倡最力者則爲路易十五世，他命將法國所有之銀器鎔化以爲別用，而以瓷器代之，上下風從，一時極盛。

康熙朝之瓷色淡可愛，甚合於法人脾胃，而英人及荷蘭人愛用淺藍色及白瓷器，吾人猶憶一六九九年康德(Le Comte)之書有論及中國者，未嘗不怨恨歐洲顧客不分皂白，專買入低等之貨云云。

一五四〇年威尼斯人始學製瓷器，歐人始有自製之瓷器，惟裝璜之事乃不得不賴中國人之款式也，吾人見十八世紀 Sevres, Lowestoft. Worcester, Cerman Meissen English Leeds 之器，不獨具有中國人物花鳥之形，而倣中國古代尊彝諸式，卽在今日尙有製瓷專家以能效華風以自豪者，如哥伯蘭(Copeland)其一人也。

歐洲美術家常有演中國之模樣而誤釋之者，如著名(Meisaen)之「葱款」則誤法中國之波蘿畫意矣，卽如現在通行之「柳式」，則又非驢非馬，不可爲法也。

當日之建築物，華化尤深，十八世紀富人之屋宇或宮殿，倘無一中國亭臺，則視爲不完全，甚有欲重摹南京之著名瓦塔焉。

園藝及正式的園囿同時亦受中國之影響，安迭生 (Addison) 在其一七一二年之旁觀報中，有討論園藝術云：「中國人譏笑吾人種植之法，必由界線以整列之；蓋彼等以爲凡人植樹，皆能平行而一律，直則無姿，不能見巧也，彼等欲顯其關於此類性質的工作之天才，故常棄其規矩之法不用。」他與蒲伯 (Pope) 並有花園，所有種植，多以此法，此法一時遠播，英國舊式之花園一時幾於絕迹。一七五〇至一七五九年間，有建築名家辰伯茲 (Sir William Chambers) 者，曾居遠東，規創一所中國園林，所謂古園也，一時各處爭倣之，法國中尤有名，稱爲中英花園，由是此種園藝術獨步一時，自成領域，數年之後，狂愛漸過，而舊式園林始復其故。

歐洲之有絲，實拜中國之賜，而絲之製造品，亦不能不採用中國款式。不獨此也，在羅柯柯時代，中國繡畫竟取歌布郞 (Cobelin) 花氈之地位而代之，名畫家如部社 (Fraucois Bonrcher) 乃專門供給此種繡品之花樣。在形式上言之，多有遠過歌布郎者。

壁紙之由華輸入，大抵亦在此時，其始來者不過小幅，其後乃成卷造成也。此物名浮屠紙，不久法英二國皆有自製，而仍賴華人供其花樣。

美洲之殖民，並不能逃華人之劇烈影響，蓋瓦器壁紙，皆所需也，故其人之器皿款式改進甚多，後有一作家嘗云：「在此遙遠之新英倫範圍之居民，不問其知之與否，亦當感謝此古國之民（中國人）因其創花鳥裝潢之法也。」

自哥倫布欲發現印度及中國未成之時以至今日，遠東及美洲之生活，常若有微而有力之連鎖以貫之，美洲與中國通商始自一七八四年，此後船舶之運華貨來往於太平洋岸者不輟。自世界大戰之後，美國中無所家庭不有中國貨物，或作中國之裝潢者，其物之優劣不一，然亦可見華化之遠被矣。

華化之深入，殆數百年於茲矣，然欲一考其影響於西方美術之迹，完滿無遺，則誠難事也，吾人採用之，而不知其所自出者有之矣。雖然，吾人美術，反應遠東之影響，則有二期焉，一在十七十八世紀間，而其他則在十九世紀中葉而直至近代。

中國美術對於希臘，羅馬，及拜占庭作何影響，則吾不能知。西方諸國對於中國美術之影響，則耳熟能詳，而中國人影響於西方美術界，又推見至隱也。

吾人不能謂馬哥孛羅及其他旅行家來遠東者卽能給歐西畫家以影響，雖有人謂影響及於詩人但丁者，然未可盡信也。歐洲著名學者隊中，不少令名卓著之畫師，有自承曾見芸西 De Vinci 名畫 (Mola Lisa) 背景之山水，乃酷似中國山水畫中常見之石焉；據學者考證所得，又謂芸西生前多年不居意大利，惟在近東，或竟於此而得見中華美術品，亦未可知。但無文獻佐證，惟有存疑而已。此百年中，尙有第二位歐洲美術家，其一山一石之皴毫，亦用此法，大有華風，則爲米拔 (Gunewad Mappe) 其迹則 Isenheim 壇上之「聖安鳳尼之誘惑」(Temptation of Saint Anthony) 立幅是也。

並在兩個小時代——十七世紀及十八世紀與今日——西方美術深爲遠東美術所影響，此一接觸，吾人美術驟得一生力軍焉。

凡此時代，所謂羅柯柯時代是也。反應此種影響第一個名畫家，厥爲發托 (Watteau)。彼不獨打破山水畫用深色之習，且並不用中古傳來以建築規則劃分畫布之法。他視山水不過其人物背景之一種，故輕描淡寫，有煙水迷濛之致。其畫與某種中國山水畫，頗有和合性，雖其不能制定人物如意所出，如中國畫家之巧手。其驚人傑作名「孤島帆陰」

(Embarkation for the Island of Cythea) 在盧甫耳 (Lorwre) 者，可爲適例。他善用單色之背景，而敷設雲霧，深得華人六法。

其徒無足步其後塵，而光輝色澤諸妙法，遂以不傳。

部社 (Bouche) 及後起之夫剌哥拿 (Fragonard) 二人所受中國之影響，殊不可掩。而當時美術家對於中國美術，其態度攸分，如今日吾人之畫家者然。但彼等對於中國花鳥寫生之法，靡不同聲贊嘆焉。

當「感情時代」(Age of Feeling)，有新畫界之媒介物成立，則水彩是也。賴痕 (Adolf Reichwein) 在其書「十八世紀中國與歐洲之理智的及美術的接觸」中有云『水彩應時而興，施於山水，動合自然。山水畫家第一個用此種媒介物者，則爲英人高升 John Robert Cozen 一七九四年歿。）其設色山水，可謂與中國繪術和合無間，洵足令人驚異。高升畫地則用棕灰之色，復用藍紅二色以烘光，又能以中國墨打稿。他以毛刷蘸色及墨，非用筆也，但其技巧與中國山水畫法相當。……水彩畫發展之初期，多用中國墨者，在羅柯柯時代愈覺其精緻有味也。』

高升終身以山水畫名家，其徒則用人物水彩。有二畫家以此得名者，一爲基督多爾(Joshua Christall 歿於一八四七年）一爲李埠昔治 (Henry Iversedge 歿於一八三二年）。忒涅 (Turner) 亦嘗試用之，惟約在一八〇〇年則不復用中國墨矣。

印象派之先驅者，忒揑既知用中國墨，則於中國畫法未爲無所知也，然叩其所受之多少，則亦難言。畫色之調合，乃其特色之一，康斯塔布爾 (Constable) 談其作品云：『畫色之調合，乃畫中悅目娛心之品質也。』其畫以想像的品格，命意之含蓄，及色澤之調和而言，則與中國畫同出一途。早歲氏嘗有意辛勤捉摸自然界之外景，其後舍而不爲，拋於腦後，其畫山水，往往恣其想像力爲之。

根茲巴格 (Cainsborugh) 者，亦此期英國大山水畫家也，其晚年之作，亦深受中國之影響。法朗克 (Frank E. Washburn Freud) 談及其最後作品「綠野長橋」者云：『此爲一瀟洒出塵之作，脫盡凡塵，自成馨逸。根茲巴格之美術，實爲英倫羅柯柯時代畫家之最有天才者，亦無處不表現羅柯柯時代之精神也，既輕清而溫厚，復色潤而趨時（用銀藍色調合，）無復矜心作態之痕……有一事須注意者，則見其畫如見其人，其個性强也，他不知不覺能升中國古代名畫家之堂，其造意下筆，必與古會。洵可謂一時無兩者矣……』

一八五二年，培理 (Perry) 打開日本之門戶，此舉可稱爲對於遠東美術之興趣之第二次推動力。日本美術非中國比，日本美術特爲中國美術之女兒，且日本許多大美術家皆受訓練於中國。致其技巧，大抵相符。遠近法，線條法，彩色法，並皆一致。凡此種種，皆爲引起印象派畫家之好處，中國美術又似舊繼續影響於西方美術矣。如欲避免混亂，可用遠東美術之一名，以代中國或日本之號，則普通而易明也。（日本美術體系上脫離中國者易，而美國美術脫離英國者難。）

印象派中人，其時方揮其如椽之筆以號召當世，一八七四年開第一次展覽會。而彼等實受之柯欒 (Corot) 康斯塔布爾及忒涅，而諸批評家又承認彼等最受遠東美術之影響也。彼等觀畫法眼，亦已增進不少，潑墨法亦能應用，單簡線法亦漸學成。反應此種影響之人，有 (Monet Iugres Manet, Guys. Whitler, Diegas. Redon. Lautrec) 諸氏，而 (Ceranre) 及 (Renir) 則習染於早年。印象派中人之描光及着色，類中華美術家。蓋其以山水爲號召，批風抹月，範水模山，居然以自然爲本位也。

任何美術家所受之特殊影響，爲量幾何，惟有本人自知，及對於作品富有研究批評家始足以知之也。英國批評家來特氏（Willard Huntington Wright）曾在其「近代畫學」書中，謂莫南（Claude Monnet）印象派的首領之素志，乃將自然局面發揮盡致，實得力於日本爲多，謂其傳襲由畢薩洛（Pissaro）至忒涅之歐洲成法，猶淺之乎視之矣。「其作風及題材，顯然受其影響，心知其意，遺貌取神，可謂善學。」惟自日本畫版一入莫南之目，其佳處已直據其心，縈拂之而不能去。故莫南之構圖雖極淺薄，亦有日本之風。其法普通以一直線，在畫版之較低構架附近直奔，自一邊至他邊，是爲全幅之骨幹。此種線忽向左上，忽向右上，初無一定，惟鮮作曲線如廣重（Hirohige）或北齋（Hokusai）（二位皆日本畫人）之傑作者。他對於日本之關切本出自然，蓋日本法國之氣質，在東西之間大抵相似，日畫家大黑大白之揮毫，傅色揣稱，自有會心焉。

馬內（Edouard Manet）亦鄙棄當時積習之配陰陽法，故其描光，清淡疏朗，不爲成法所拘也。主張氣韻生動，善寫大塊長幅，則又受遠東美術之影響也。

凡熟於遠東美術及其道理者，則知非特印象派與之有直接關係，而所謂「現代派」者亦受其賜焉。吾聞之舍珊(Cezanne)云，圖寫自然，不獨求類物，且須實現個人之情緒；此爲中國美術家共守之常規，而古今批評家之慣語。中國畫人，最重感情，非獨己身對物發生感情，且欲令旁觀者亦因而觸發，蓋欲令觀者與其心心相印也。假若欲之，必感情移入乃可。（卽六法中之氣韻生動。）

又有馬賽斯(Matisse)者，亦得功於印象派者，其最動人之作，論其品質則極類中國瓷器畫。又有哥特(VanGogh)者，用顏色筆如畫筆然，而並有二妙，猶同中國人用大刷之法也。高健(Gauguin)平鋪畫版，然後打稿，不設炭底，純用單色，是亦深得中華畫法三昧者。

近人比爾(Clive Belt)，英國著名之鑒賞家，其論波勒(Bonnard)云：『彼蓋深染華風者。波勒畫逼似中華圖畫，波斯織品者然，幾如眞象攝入於畫布之中。』

事實所徵，無待侈述，凡最近之美術運動，立體派，後期印象派，未來派，旋渦派(Vorticism)，當代派、表現派、及其他繼起諸派，皆欲爲西方掃除一切自文藝復興所養成之膚廓積習，而代之以性靈，如遠東美術所主者。其中未必竟無矯枉過正者，然使不能深悉遠東之美術，則必不能明目張膽如是也。帕徹(Walter pach)論新與美術云：『十九世紀東美國美術家除喜斯勒（Whistler）外，尚有Halicon. Childe Hassam, La Farge及Arthur Davies，諸家皆盡量接受遠東美術之影響。

副美術品，如金屬版術，插圖，及廣告術，無一不顯出直受遠東美術之影響，或因所用之媒介物使然。內部裝潢，如戲院美術及款式，其化裝佈景，多法遠東者。

有一人，在畫界合東西美術觀念爲一家而極順觀聽者，據福耳（Elie Faure）言，則允推德靈（Anlder Derain），其人善於單純化畫法，且合中西名家之長，一爐而冶者也。

中國繪術對於西方美術之完滿影響實盡於此，因近二三十年來中國之大美術作品始達西土耳其，雖中國名迹，流傳域外甚少，然就其少數接目而言，則歐洲誠未足與抗顏行也。吾知遲早必有國內美術家起而張之，如在羅柯柯時代之人及印象派中人所爲者。

中國偉大之美術作品之昭告於吾人者，則多項寫法，半面圖繪法，不待解釋實物之內意及其精華，而知其不失可型性與藝術價値也。

新美術而能變換吾人想像則推之，斯吾人覺中國美術爲新矣。福耳已有一言發其秘云：「遠東美術所表現之感情的形式已深入西方之理性中，迄今已確定其復興之徵，行將恢復其繁華局面矣。」

以上所談，半爲陳迹，事本非誣，言皆有證，後來若何，未能逆覩也。

附註　此文譯自 Guidepost to Chinese Painting 一書。